培根铸魂话经典：

王登峰、陶继新对话录

王登峰　陶继新　著

齊魯書社

图书在版编目（CIP）数据

培根铸魂话经典:王登峰、陶继新对话录/王登峰,陶继新著. --济南:齐鲁书社,2021.5
ISBN 978-7-5333-4447-4

Ⅰ.①培… Ⅱ.①王… ②陶… Ⅲ.①教育一文集
Ⅳ.①G4-53

中国版本图书馆CIP数据核字(2021)第069661号

责任编辑：许允龙
责任校对：王其宝　赵自环
版式设计：刘羽珂
封面设计：吴　晋

培根铸魂话经典：王登峰、陶继新对话录
PEIGEN ZHUHUN HUA JINGDIAN WANGDENGFENG TAOJIXIN DUIHUALU
王登峰　陶继新　著

主管单位	山东出版传媒股份有限公司
出版发行	齊魯書社
社　　址	济南市英雄山路189号
邮　　编	250002
网　　址	www.qlss.com.cn
电子邮箱	qilupress@126.com
营销中心	（0531）82098521　82098519　82098517
印　　刷	日照日报印务中心
开　　本	720mm×1020mm　1/16
印　　张	13.5
字　　数	187千
版　　次	2021年5月第1版
印　　次	2021年5月第1次印刷
印　　数	1—5000
标准书号	ISBN 978-7-5333-4447-4
定　　价	45.00元

序言：经典、语言与文化

王登峰

我与经典文化的不解之缘

1984年我开始研究中国人的人格，怎么研究呢？其中有一种办法，就是把辞典里面描写人的特点的形容词全部挑出来，对这些词进行分析，就可以得到一个人的人格的全貌。从1984年到1999年，十五年的时间，我一直在跟形容词打交道，从而得出中国人与西方人在人格方面存在很大不同的结论。

当我们的这篇研究报告送到美国一家非常有名的心理学杂志发表的时候，主编很客气地给我们来了一封信，说你这个研究做得很好，整个研究的过程都非常可信，结果也很可信。但是有一个问题，你们需要先解释一下，为什么中国人的人格和美国人不一样？我们再考虑要不要发表这篇文章。其实，这就是因为他们掌握了标准，因此，他们就认为，你跟我不一样，就得说一个理由。

在看这封信的时候，我就做了一个决定，绝不会在他的杂志上发表文章。然而他们确实提出了一个问题，为什么中国人与美国人不一样？从基因来讲，中国人和美国人的基因差别很小。虽然我们是黄种人，他们是白种人或者黑种人，但是基因的差别很小。如果不是生理因素，则一定是文化因素。

那么，中西方两种文化的差别到底在哪儿呢？中国文化对中国人人格起影响作用的到底是哪些东西？我们当时并不是很清楚，所以从1999年至今，我一直在考虑这个问题。

考虑的过程中，就不断地去查阅一些资料，看看中国的古人是怎么看的，再回过头来看中国人的人格结构，结果发现，中国人的人格结构里面，很多东西都可以追溯到我们的经典。比如说中国人有一个人格特点，我把它叫作处世态度，就是你在这个世界上的态度，其实反映的是中国人的一种动机。它由两个因素组成，一个叫自信，其实就是一个人追求个人成功和成就的欲望；还有一个跟它正好相反，叫淡泊。也就是说在中国人的人格结构里面，两个看上去相互矛盾的东西其实是汇聚在一起的。一方面是一定要追求成功，说得难听一点就是追名逐利；但另一方面，这个东西得不到也无所谓，这叫淡泊。我们可以看到，儒家的思想强调一个人要治国平天下，要有所作为，要追求个人的成功和成就；但是道家的思想，就认为那些东西都没用，你还是应该按照自己想做的去做就好，要顺应自己的天性，要遵循天道、遵循地道。其实中国人的人格结构就是受到了儒家和道家这两大文化流派的影响。中国人受到中国文化五千年的浸润，到今天尽管我们对经典当中的很多东西还不了解，但是在骨子里，只要你是个中国人，你的思维方式就是这样的。你看别人的方式是这样的，看自己的方式也是这样的。这就是文化的影响，而这样的一种思维方式跟西方的思维方式不同，这就造成了中西方人格结构的不同。

所以这些年，如果说对传统文化有一些心得的话，从我个人来讲，主要是致力于解决一个学术上的难题。这个难题是别人抛给我们的，本来要是真像美国人标榜的那样，所有的东西都一视同仁，不管是哪儿研究的，不管是不是跟你一样，只要是科学的，就去发表。这理念诚然很好，但事实并非如此。比如这事，非要提供理由，那好，我是要找到理由，但不是给你，我自己要搞清楚为什么中国人是这样的。所以到现在我这篇文章都没有用英文发表，而是用中文发的。

我觉得，我们去了解中国文化，不仅仅是说作为一个中国人要了解，要把它传承下去。更重要的是你不了解中国的文化，就看不懂中国的社会。所以我觉得现在对于中国学者来讲，提出了一个更为严峻的课题。什么课题呢？西方人的说法叫“言必称希腊”，整个西方的价值理念、西方的学术传统都来自古希腊。在学术领域，中国学者除了要了解古希腊的学术氛围，更应该熟悉中国学术传统的氛围。追根溯源来讲，不能老跟着西方人走，否则到最后会出现一个什么后果？就是西方的学者告诉中国的学者，说这个问题其实你们中国人两千年前就已经说得很明白了。这个局面很容易出现，而且很快就会出现。当我们对西方文化顶礼膜拜的时候，其实我们还抱着一个自己的金饭碗，只不过我们不知道它是金的，而把它当作一个随便的东西丢掉了。

提高语言能力，传承中华文化

语言文字不仅是一个民族、一个国家非常重要的文化载体，甚至是文化的核心。国家语委的职责，从新中国成立到今天，第一是推广全国通用的普通话；第二是推行规范汉字；第三是推行汉语拼音方案；第四是汉语和汉字的信息化处理；第五是社会服务，为社会提供语言文字方面的咨询和服务。随着信息化的发展，语言文字工作到了今天，又出现了另外的一些需要我们投入更多关注的问题：

第一个方面就是语言能力的提升。

中国 2020 年已经成为人力资源强国，人力资源强国和人力资源大国的一个根本性的区别就是劳动力的素质。也就是说2020年以后，教育工作要为整个社会做出的最突出的贡献，就是使整个国民的素质有一个明显的提升。这是从整体上来说的。从个人的能力和素质来讲，一个人的能力和素质涉及多方面，但核心和基础是语言能力。一个人的综合素质不外乎三个方面：一是智力因素，智力里面核心的三要素：语言能力、计算能力、逻辑推理能力。语言能力、逻辑推理能力，这两个都离不开语言，计算能力更离不开语言。从人的发展角度来讲，说服能力、表达能力是基本能力，是基础。二是非智力因素。包含的内容非常广泛，西方人最近一直在强调一个概念叫情商，是一个人控制自己消极情绪的能力。中国人五千年前就发现了人际交往要注意的问题。但是这并不是情商的全部，在我看来情商最核心的方面就两个：一是准确、客观地认识和表达自己的能力。你首先对自己是一个什么样的人要有认识，同时懂得如何表达对自己的认识。二是对别人的认识和表达。这就是我们所说的情商的最核心的两个方面，就是对自己和他人的认识和表达能力。这是什么？就是语言能力。综合素质的第三个因素是价值观。如果智力和非智力因素是一个人的两翼的话，两翼很强，可以飞得很高，也可以飞得很远。但是往哪儿飞？那就是一个理想信念。价值观是什么？这更是一种语言，也是一种文化能力。比如说我们现在强调建设和谐社会，孔子两千五百多年前就提出大同社会的理念，其中就包含着两层意思，第一是有差别，第二是彼此都能够接受。也就是现在建设和谐社会的两大任务，第一个是发展经济，整个国家逐渐富强，人民都有好的生活；第二个就是要全面协调可持续发展，均衡发展，减少差距。

新中国成立之初主要是推广普通话，就是话要说得清楚明白，让大家都能够听懂、理解，这个任务还要继续做下去，因为还有很多人不能用普通话交流。但从建设人力资源强国的角度来讲，仅能够顺畅交流还不够，还要准确、得体，因此提高国民的语言能力也是我们语言文字工作非常重要的一项任务。

第二个方面，我们认为现在也应该成为语言文字工作非常重要的一项任务，就是传承文化。

改革开放让中国人更多地去认识和了解了外面的世界，但同西方相比，我们其实在经济上是处于劣势的，我们很多时候要向西方学习他们的管理经验，学习他们的科技成就，同时也会不自觉地对西方文化高看，觉得他们所有的东西都是好的，以西方的文化作为标准来衡量我们的生活。

文化和科技是不一样的，文化本身就是人们的日常生活，就是人们的言谈举止，就是人们潜移默化的一种价值理念。当我们与西方文化有了特别密切的交流以后，同时还有一个问题，就是我们对自己文化的了解其实非常有限，特别是经历了“文革”。可以说，现在在职的人员，差不多六十岁以内的，新中国成立到现在出生的人，对中国优秀传统文化的了解其实是非常有限的，再加上西方文化大规模的涌入，就使得在现在中国社会里面，反而是西方文化被更多的人认识和了解，中国传统文化却了解得很少。而一个民族的发展，如果失去了文化的根脉，它的生命力是不会长久的。

所以，在今天我们面临着一个如何重新弘扬优秀传统文化的问题。我们要重新弘扬我们的优秀传统文化，要构建中华民族共有的精神家园。什么意思？就是用中华优秀传统文化中的价值理念、思维方式、行为规范和人生智慧来武装现在的中国人。怎么武装？两个方面的工作：第一个就是亲近经典。我们现在很多人不了解经典，不了解经典怎么知道中国文化呢？第二个就是习俗的问题。文化跟其他方面最大的不同，就是文化是渗透在我们日常生活中的，其中很重要的是通过习俗来传承，比如说中国的传统节日，像清明节。清明节要纪念先祖、先贤、先烈，是中国人对待自己先辈的致敬礼。敬的不仅仅是自己的祖先，不仅仅是跟自己有血缘关系的，凡是对这个民族、国家做出贡献的，都会受到全国人民的尊敬，这就是中国文化核心的价值理念。清明节的习俗一代一代传下来，这种理念就一代一代深入人心，如果这个习俗没有了，那这个价值理念再深入人心就比较难。当每一个传统节日我们都去认真对待的时候，那就是我们对整个中华经典里面的价值理念、人生智慧等的一种传承。

我们现在就是需要从这两方面来做，一个是传统节日习俗的搜集和整理，另一个是读经典。读经典的过程就是推广普通话的过程，就是推行规范汉字的过程。

诵读中华经典，弘扬中华文化。我们要亲近经典，承续传统，这是一个民族、一个国家必须要做的一件事情。另外，读经典的过程，首先是一个人的价值理念形成的过程，同时也是提升一个人的语言能力的非常重要的途径。古人说腹有诗书气自华；读书破万卷，下笔如有神。读完了经典，口头表达能力提高了，书面表达能力也提高了，社会智力也提高了。

这就是现在我们语委要新增加的两项任务，这两者之间有一个内在的联系，可以相互促进。

逐步推进的“中华诵”：从学校到企业

“中华诵”活动从2007年开始，到2010年是第四年。在这四年里面，经历了几个阶段：

第一个阶段，2007年主要做中华经典的诵读大赛，有十个省市一起做。诵读大赛晚会播出以后，反响非常热烈。2007年暑假，我们跟央视合作，做了一个“我爱诵读”的暑期特别节目，主要是小学生读经典，也有非常好的反响。到了2008年，这个赛事就延续下来了。

中华文化的传承靠两个方面，一个是读经典，另外一个是习俗。2008年，国务院新增了三个传统节日作为法定假日，加上原来的春节就有四个传统节日成为法定假日，所以我们就又提出来了第二项工作，在传统节日期间举办以诵读中华经典为主题的节日晚会，清明、端午、中秋、春节都做了。第一场清明晚会是在江苏做的，就是名人、名家，包括学生、教师一起静静地读经典。这个晚会播出以后，好多校长给我打电话，说这么多年我们一直没有看到过这样的一台晚会，静静地读我们自己的经典，非常好。所以从2008年开始我们就把传统节日晚会也做起来了。2008年、2009年都做这四个节日，2010年开始我们又增加了七夕、重阳这两个节日。

在这个过程里面，我们又逐渐增加了一些新的形式。一个是从2009年开始，我们做“中华诵”夏令营。2009年第一次，在江苏泰州，2010年第二次，在山东潍坊。2010年有一个新疆的维吾尔族的小男孩，一到潍坊，他看所有的人里面只有他一个是维吾尔族的，年龄又小，一到那儿就哭，说我要回家，但是从第二天开始，他就爱上夏令营了，最后走的时候说我爱“中华诵”，我爱夏令营。非常高兴，不愿离开。最让我感动的是闭营晚会的时候，最后一个节目就是唱主题曲《中华诵》，我们请满江去唱的，他在台上唱，我偶然回了一下头，看到后边一百多个孩子，全都站起来，手挽手一边哭一边唱。这五天的时间里，孩子们在一起亲近经典，了解中国文化，他们是那么地热爱自己的文化。我们文化的基因是需要去唤醒的，那么，读一下经典很容易就唤醒这样一份共同的价值观。所以，中央提出构建中华民族共有的精神家园，怎么去构建？大家读经典就好了。

第四项是规范汉字书写大赛。各级各类学校都让学生练书法，第一是要提倡和鼓励大家去学好书法，因为现在是电脑时代，很多人的字写不好。另外一点，书法是中国文化很重要的一方面，也是学习汉字很重要的一方面，所以我们要书写。而且书写的内容是中华民族的经典，这叫书写经典，传承文明。

到了2010年6月，我们这四项活动还在继续做，但是我们感觉应该进入到一个更加规范的时期，所以2010年7月我们开始在全国各级各类学校开展中华经典诵、写、讲——诵读、书写和讲解经典试点。这个试点要求各级各类学校广泛开展中华经典的诵读、书写和讲解的活动，我们要求进校园、进课堂、进教材。首先在语文课和诵读课里面都有经典，在写字课里面写经典，鼓励孩子们读完了经典以后自己去讲。讲的过程比读的过程理解得更深，写的过程比读的过程理解得更深，把这三个放在一起来做，效果会更好。讲经典不是要求他讲得多么的完整，但是可以提高他的语言表达能力。要鼓励孩子们从小就能读、能写、能讲。

2010年是十四个省市在做试点，用一年的时间做中华经典诵、写、讲的试点。到2011年下半年我们进行总结，2011年就在全国铺开了。在学校教育教学的各个环节里面，要突出对中华优秀传统文化的弘扬，同时这也是全面提高学生素质很重要的一个举措。

中华经典诵、写、讲，进校园、进课堂、进教材，已经开始走上正轨了，也得到社会各界越来越多的关注，第一个就是艺术家们的支持。我们为此专门成立了一个“中华诵艺术团”，以老艺术家为主，现在的团长是徐涛，副团长是冯福生。这些人支持我们的工作，已经开始演出了，最近在中山音乐堂做了一场“小橘灯”中国经典和现当代著名散文和诗歌朗诵会，徐涛、姚锡娟、肖雄、方明、雅坤五位领衔朗诵，效果很好。下一步我们还要继续推广“中华诵艺术团”，要去边远的山区农村寄宿学校，甚至进企业，下军营，到社区。以艺术家们的魅力去演绎经典，可以让更多人认识经典、爱上诵读。

另外，我们还推出一个“中华诵”企业家行动。为什么要让企业家来读经典？中国企业管理很多的东西都是西方的模式，西方人现在自己都在反思，都在检讨他们的管理模式。到了中国，管理西方人和管理中国人是不一样的，所以企业管理者应该要最富创新能力，那么，在管理模式上，怎么创新呢？我们希望他们能够多有一点中国传统文化的底蕴。

还有我们目前做的最重要的一件事情，就是建设一个中华经典资源库。中华经典浩若烟海，到底要读哪些呢？作为一个中国人，要了解自己的文化，应知应会的是哪些？我们就想从中华经典里面精选出一部分篇目，比如一千篇，这一千篇就能够代表中国文化的绝大多数内容，把思想性、艺术性考虑进来，挑一千篇。有两个来源，一是从经典里面选，二是从大中小学语文课本里面选。这样一来，我们就可以把这些篇目分成三组，第一组是小学的，以小学语文课本的内容加上经典中相关的内容放进去，然后是中学的、大学的，这就变成了三组，这三组我们分别请名师来讲解。比如《出师表》，这是一个名篇，首先，我们请一个名师来讲《出师表》，包括诸葛亮的生平，包括《出师表》的前前后后，包括《出师表》的思想性、艺术性等；其次，请一个名家来朗诵，让徐涛来朗诵一下《出师表》；再次，再请一个人来吟诵，中国古人过去叫吟唱，现在好多人都不会了，我们要想尽办法把它保存下来；最后，请书法家来写一遍。这样一来，假如说一千个篇目，每一个篇目都做四种样式：讲解、朗诵、吟诵、书写，这就做成了一个中华经典的资源库。这个资源库做成以后，我们把它免费放到网络上，让全世界喜欢中国文化的人都可以来下载学习。这样一来，我们整个的"中华诵"活动就有了一个很重要的依托。这个资源库的建设，应该说是一个国家行为。

做完了这个资源库以后，我们下一步将对中国传统文化知道和了解的程度做一个等级评定，比如说相当于小学水平的叫一级，中学二级，大学及以上三级。另外，对全世界希望了解中国文化的人，我们也希望能够给他们一个评价标准。我们制定的标准，主要就是作为一个引导和参照的标杆，对社会有引导的作用。

国学热、繁简字与中华文化

这两年国学经典很热，有问题需要注意。

第一，经典从内容上来讲，有古代的经典，也有现当代的经典，还有红色经典。"金风玉露一相逢，便胜却人间无数（秦观《鹊桥仙》）"，这是很美的；"为了免除下一代的苦难，我们愿，愿把这牢底坐穿（何敬平《把牢底坐穿》）"，"地下的烈火，将我连这活棺材一起烧掉（叶挺《囚歌》）"，这也是美的，是一种价值理念，这跟孟子讲的浩然之气是一致的。

第二，读经典，在乎内容不在乎形式。现在有些地方，让孩子穿上古装去读经典。穿古装，做个表演，搞个晚会，都无可厚非，但还是不要追求形式。让老师穿上古装，拿根戒尺，我觉得这完全没有必要，这跟中国文化的思想也是不一致的。“周虽旧邦，其命维新”，要与时俱进，时代已经变了，社会形态也变了，还用过去的方式去做，是不行的。所以重在内容，不在形式。

第三，读经典的意义和价值不能取代我们对现代科技知识、文化知识的学习和掌握。现在有一些人认为，我们应该恢复私塾，孩子不要去上学，在家里读“四书五经”就好了，读到十六岁，再学其他。这种观点是有问题的。读经典是个人修养、思想品德等各方面养成的非常重要的途径，但是它不是教育的全部。我们现代社会里面还是要掌握先进的科学知识的。

关于简繁体汉字的问题，首先，汉字的简化是历史发展的必然。最早的成系统的汉字是甲骨文，距今三千年左右，在殷墟发现了殷商的甲骨文，然后从甲骨文到金文，变化不是很大。后来到秦始皇统一六国以后，文字从大篆到小篆，再往后到隶书，我们看到的是一个逐渐规范化的过程。我们现在使用的简化字，是新中国成立以后进行简化的。简化汉字主要是出于什么目的呢？是因为当时中国社会文盲很多，很多人不识字，要普及教育，要提高国民的文化水平，所以实行了汉字简化。简化汉字，首先是适应了汉字本身发展的规律，同时也是适应了新中国成立后百废待兴的时代需要。今天来看，简化汉字是没有问题的。

现在关于繁简论争的几个不同观点，第一种，说简化字割断了历史和文化，其实这个说法不准确。如果说简化字会割断历史，汉字简化一次就割断一次历史，那中国历史已经被割断无数次了。我觉得这是不符合历史，不符合事实的。

第二种，说字简化了我们就读不懂古籍了，这也是没有道理的。因为学会了简化字以后，再认繁体字其实也很简单，我从来没学过繁体字，但我阅读繁体字基本上没有障碍，最多是在某个字上犹豫一下，不知道就翻翻字典，很容易。因为字典正字后的括号里面都附有繁体字，所以这个是不成问题的。另外不少古籍都转换成简化字了。

第三种，说繁体字通过字形来判断字义非常清楚，简化了以后看不出意思了，这个也没有道理。因为学过训诂学的人都知道，训诂学有一种方法叫形训，就是据形说义。这个字是什么字？不是繁体字，也不是简化字，也不是隶书、小篆，而是甲骨文和金文。换言之，我们只能根据甲骨文和金文的字形来判定字义。当然，我们现在很多的字形已经演化过来了。工厂的厂，繁体字里面那个“敞”，它干吗用的？只表示读音，真正的意图就是一横一撇，就是简体的“厂”。所以说好多人其实不懂得文字的规律和历史，只是望文生义。比如我们最常说的爱，说简体的爱没有心了，繁体的爱有心。爱字跟心有什么关系呢？没有关系。甲骨文的爱怎么写的？上面一只脚，脚趾向前，下面一只脚，脚趾向后，中间是一个“胃”，我们看看中国古人是怎么定义爱的？你试一下一只脚向前，一只脚向后，这叫什么？徘徊、流连忘返，你爱一个东西就是老围着转，不忍离开，这叫爱，中国人是用脚来定义爱的。中间这个“胃”是什么？是打嗝儿。打嗝儿跟爱有什么关系？人与人见了面以后，怎么样啊？最近身体好不好？嘘寒问暖。这就是中国人的爱。它跟心没有关系。后来繁体字也是在这个基础上才把心加上去的，就是爱心。

所以说汉字不仅仅是汉字，更是文化，是中国源远流长的文化的载体和代表，应该把这两者充分结合起来。

（根据教育在线访谈文字整理而成）

目录

序言：经典、语言与文化 ……1

经典教育的误区与挑战

“新”时代与“旧”经典

经典文化的生命力 ……3

时间最能说明问题 ……5

走出经典妖魔化的误区 ……8

中华经典的两大特质

人文日新 ……13

立己达人 ……18

经典教育在行动

经典诵读校园行 ……22

在生活中亲近经典 ……28

现代企业与文化传承 ……40

全球一体与文化多元

文化自信与国际接轨 ……46

以我为主与兼收并蓄 ……51
和谐发展与中国智慧 ……54

育有根之人

亲近母语，能说会写

写作能力水涨船高 ……63
言语表达出口成章 ……66

提升境界，安顿心灵

关注社会的诚信指数 ……69
形成孩子优秀的品行 ……74
经典让人的心灵安顿 ……76

大国人格，经典涵养

铸就高尚人格 ……95
在经典之中获取智慧 ……103
树立中国文化自信心 ……114

读经典之书

为经典诵读打开大门

营造诵读经典的氛围 ……125
鲁迅基础教育的再思考 ……138
原汁原味地读经典 ……143
经典诵读与音体和谐 ……146
根植于现实生活之中 ……156

构建应知应会的标准

“取法乎上”诵读 ……162

制定参考标准 ……164

如何继承扬弃 ……168

建立中华经典资源库 ……169

内容形式的多维展示 ……173

讲　解 ……174

朗诵与吟唱 ……179

书　写 ……182

经典诵读应当注意的问题

形式上与时俱进 ……187

内容上结合实际 ……188

顺序上讲究规律 ……189

境界上追求审美 ……190

后记：经典相伴，幸福一生 ……193

PART 01

经典教育的误区与挑战

21 世纪将是中华民族实现伟大复兴的世纪。事实上，中国经济的兴起，必将在全世界范围内掀起学习中国传统文化的热潮。因为中国文化投射出超凡的智慧和无穷的魅力，所以世界将寻求智慧的目光越来越多地聚焦于中国。

“新”时代与“旧”经典

经典文化的生命力

【王登峰】陶老师，很高兴和您谈一谈中华经典诵读的事情。因为中国经典文化不但源远流长，而且直到今天，仍然有着巨大的生命力。

【陶继新】能与您对话，是十分幸福的一件事情。21 世纪将是中华民族实现伟大复兴的世纪。事实上，中国经济的兴起，必将在全世界范围内掀起学习中国传统文化的热潮。因为中国文化投射出超凡的智慧和无穷的魅力，所以世界将寻求智慧的目光越来越多地聚焦于中国。

在中国传统文化看来，天地最大，可以包容万物，天地合而万物生、四时行。从这种对自然的理解中引申出做人的道理：人生要像天那样刚毅而自强，像地那样厚重而包容万物。维系中华民族精神的主体文化是儒学。儒学在长达两千多年的中国社会里对中华民族的思维方式、行为规范、道德礼仪等各个方面，长期产生着影响。儒学主张泰山不让土壤，故能成其大；河海不择细流，故能就其深。这种精神使中国传统文化具有巨大的包容性。可以说，中国传统文化之所以博大精深、川流不息，正是由于其海纳百川的结果。

正是这种包容性，维系了中国传统文化命脉绵延不绝，它所哺育出来的民族精神维系了我们民族生生不息。这种动力可以长期支持着人们不懈追求、一往无前。

直到今天，中国传统文化依然有着巨大的生命张力。比如由国际孔子文化节组委会向2008年奥运会推荐的五句迎宾用语，都是从《论语》里来的："有朋自远方来，不亦乐乎""礼之用，和为贵""四海之内皆兄弟也""己所不欲，勿施于人""德不孤，必有邻"。北京奥运会举世瞩目，具有现代性与世界性，而用《论语》中的经典语句作为迎宾用语，不但可以让全世界的人看到中国传统文化的源远流长，而且也让他们感受到中国传统文化是可以穿越时空，用之于当下的。

西方一些学者甚至科学家已经开始关注与研究起中国的传统文化来了。1988年，在七十五位诺贝尔奖获得者参加的巴黎集会上，有学者称：人类要解决21世纪面临的问题，就应当到东方孔老夫子那里去寻求智慧。可见，学习中国儒家经典文化，已经逐渐成为世界卓越人士的共识。

日本对中国传统文化就比较重视，我曾经跟日本早稻田大学的一位教授交流对于《论语》的看法，结果令我非常吃惊。他对《论语》的熟悉程度及解析深度，令中国的很多专家汗颜。其实，韩国也好，日本也好，他们的经济发展，都与学习了中国传统文化并使之发扬光大有关。被誉为日本的爱因斯坦的汤川秀树（诺贝尔物理学奖获得者）在自述《旅人》一书说：我五六岁时就开始诵读中国经典……第一部分是"四书"，是从《大学》开始的，我最早读的一本书就是《大学》，后来又读了《论语》和《孟子》等儒家经典。可以说，有效地汲取中国经典文化的营养，并不阻碍汤川秀树获得诺贝尔物理学奖。

【王登峰】我很同意陶老师的观点，现在西方人开始关注中国文化了。有两个原因：

第一，他们觉得中国经济社会的发展是一个奇迹。

西方很多经济学家、社会学家在不断预测中国改革开放的后果，要么是中国崩溃，要么是中国灭亡，但没有一个人预见到中国四十多年来一直保持高速发展，所以现在他们开始领悟过来：看来需要从中国的历史文化角度来观察中国经济社会的发展。所以，一大批西方的经济学家开始关注中国文化。

第二，他们对中国社会动员的力量感到很震惊。

2008 年北京奥运会让全世界看到了中国文化的灿烂，同时也看到了中国人的动员力量。2008 年“5 · 12”汶川地震，全世界都非常吃惊中国人能在那么短的时间里把全社会、全国都动员起来。还有就是中国人过春节，也让外国人目瞪口呆，一到春节就是全球化的大迁徙，几亿人，从各个地方大包小包扶老携幼地回家，不管是冰雪灾害还是飞机误点，就是要回家。这种民族凝聚力让西方人非常吃惊。西方人看到了和他们的文化、社会形态不同的中国文化所折射出来的力量，所以开始认真地来研究我们的文化。每一年的春节对全国人来说，都是非常有意义的一个节日。在春节期间，全国各地均举行各种庆贺新春活动，这些节庆仪式带有浓郁的地域特色，凝聚着中华传统文化精华，所以春节不但是代表着阖家团圆，也是对中国传统文化的传承。

时间最能说明问题

【王登峰】现在很多人问，读经典是不是有点过时，其实读经典有它很好的一面，教育工作者应该认真研究。像陶老师这样热衷于读经典的人在积极推动，让它在全国普及，我们现在要把自发的过程变成自觉的过程，有两个问题：

第一，读经典到底有没有用？全国一半以上的学校做了这么多年经典诵读的工作，效果如何，他们一定可以回答。

第二，怎么更科学地安排读经典，童蒙的时候开始读什么？这个在过去有经验，宋代的童蒙读本内容就已经包罗万象，《三字经》《百家姓》，还有唐诗宋词，但今天我们读经典还要选择那些符合社会主义核心价值体系的篇目，因为中国文化的一个特征就是与时俱进，过去有人讲中国文化是保守的、不创新的，其实是不对的。“周虽旧邦，其命维新。”（《诗经·大雅·文王》）中国文化强调的就是与时俱进，时候到了，你不赶上去就会自己遭殃，落后就要挨打，不能跟上时代，你就永远不可能引领时代风尚。所以中国文化是不断吸纳外来文化，不断结合每一个时代要求的，到了今天我们读经典不是简单复古，不是简单地回到过去，让小孩子像过去一样从小就由老师拿戒尺让他背。背的内容也是有选择的，所以现在这个问题更值得我们关注，陶老师做了这么多年，您一定有很多体会。

【陶继新】有人认为，国学经典这些“老古董”已经失去了现代意义，让中小学生诵读这些东西，担心其中的封建糟粕影响孩子幼小的心灵。有些学校在经典诵读之初，持这种观点者不只有学生家长，也有教师甚至校长。

其实，传统文化以儒家思想为主体，融合道家、法家、墨家等多个思想流派，内涵丰富，广博精深。而国学经典是传统文化的载体，是老祖宗留给我们的宝贵精神财富。不懂孔子则不懂中国文化，也很难明白中国政治、经济发展状况背后的精神力量。如果我们数典忘祖，不学经典，不继承优秀传统，我们还能算中国人吗？

国学经典中对人与自然的关系、人与人之间的关系、人与自我内心的关系等内容都有着十分系统的论述。“天人合一”讲的是人与自然的和谐，“和为贵”提倡人与人之间的和谐，“澹泊明志、宁静致远”追求人自我内心的和谐。可以说，和谐是国学经典的主旋律。现代所提倡的社会主义道德观、“荣辱观”、“和谐社会”等，也多能在传统国学中找到渊源。

“仁义礼智信”迄今仍然不失为精华。忠孝思想是精华，要大力提倡发扬。不要担心会出现愚忠愚孝。在现行体制下，没有这样的“愚笨”之人了。

如果有，倒是罕见的典型了。

历史上，中国数次成为世界上最强大的国家，在古代，没有一个国家的教育能像中国那样造就了一大批高质量的人才，其中传统文化居功甚伟。鸦片战争以后，中国积贫积弱，不是传统文化惹的祸，而是落后体制造的孽。

【王登峰】现在很多人对于我们的经典是疏离的。比如很多国内学者在教心理学时讲到一个理论，会追溯到亚里士多德、笛卡儿，但不会注意中国的传统文化，事实上，有些心理学理论，中国先贤早就提出来了。有一句话叫“同言而信，信其所亲”，同样一句话讲出来，我的亲人讲出来我会更容易相信；第二句话是“同命而行，行其所服”，同样发出一个指令，我更愿意接受我信服的指令。这是北齐颜之推的《颜氏家训·序致》里的。这些理论和说法过了很多年后西方学者把它变成了“印象改变理论”。我们的学者在介绍这些理论时，由于不知道这是《颜氏家训》里的，只能说这是多年前西方学者提出的理念。

对于中国学者来讲，在他的整个印象里没有中国文化、中国传统，我们对经典的疏离不仅仅影响到我们人文科学的发展，科学技术的发展也受到了越来越多的影响。中国科技史有多少心理科学者？从中医到中国的传统哲学，很多非常丰富、灿烂的心理学思想，我们的学者并不了解。

再过五十年，如果我们不重视自己的传统，西方人对中国文化的研究会更深入，西方学者会告诉你，我们现在才发现，其实两千多年前中国人就已经发现了这个问题。所以我想，这可能是我们现在如何看待自己文化中一个很重要的问题。为什么我们的学者、我们的青少年没有太大的积极性和主动性来认识和了解我们自己的文化？是因为在很多人的观念里，中国文化是保守的、落后的、过时的，而西方文化才是代表了现代化，代表了未来发展方向的。其实这是完全错误的观点。正是因为不了解中国文化，所以才会有这样的想法。

在这样的背景下，我们鼓励大家诵读经典，由此你就会发现原来我们的祖先给我们留下了这么宝贵的财富、这么丰富的文化宝藏，当我们了解以后，才会有一种民族自信心。首先从青少年开始，应该让他们有这种民族自信心，而读经典确实能够起到这样的作用。

【陶继新】王司长说得非常好，有些心理学理论，中国先贤确实早就提出来了。比如中国第一部教育学的著作，也是世界上第一部教育学的著作《学记》，其中就有心理学的理论："学者有四失，教者必知之。人之学也，或失则多，或失则寡，或失则易，或失则止。此四者，心之莫同也。知其心，然后能救其失也。教也者，长善而救其失者也。"大体意思是说，学生在学习上有四种过失，是施教的人必须要了解的：学习失败的原因，或者是因为贪多，或者因为太少，或者把所学东西看得过于容易（对学习的艰巨性认识不足），或者是畏难中止（缺少刻苦钻研精神）。这四点，是由于学生的不同心理和才智所引起的。教师懂得受教育者的不同心理特点，才能帮助学生克服缺点。教育的作用，就是使受教育者能发挥其优点并克服其缺点。今天，这些中国古代经典之中的心理学理论，依然放射着精神的光芒，"学而时习之"，也定会受益匪浅。这么好的传统文化我们为什么要疏离？不能疏离，我们要很好地继承、发扬才行。

走出经典妖魔化的误区

【王登峰】很多人热衷于过"洋节"，这实际就是一种社会文化氛围。每到"洋节"，各个媒体就铺天盖地地宣传，这种氛围和我们的传统文化是没有关系的，甚至会冲击我们的文化。

【陶继新】不只是节日，教育上的崇洋媚外也并不是什么新闻。即使新课改实施之后，不少人还是在大谈要学习西方，张扬学生个性。可是，我们的学生真正缺少个性吗？是学生缺少个性还是我们的教育不承认学生差异？我们的学生真的就那么需要个性张扬？张扬个性适合我们的国情吗？对谁有利？对学生个人？对国家、对社会、对民族发展？还是对西方世界有利？

西方文明基本上是基督宗教下的文化，人们的行为、心理已成为文化，渗透到社会生活的方方面面，在这样的文化基础上，再去追求个性，是有益的，无害的。不难看出，中华文化与西方文化有着本质的区别，中华文化的逻辑起点是“社会本位”，而西方文化的逻辑起点是天赋人权的“个人本位”。有中华文化血统的日本、韩国虽然经过多年西方文化的冲击，仍没有偏离“社会本位”的内核。今天，我们如果不顾民族文化传统和民族心理，一味倡导“个性化”“张扬个性”，盲目跟着西方跑，不但我们的教育功能会被弱化，甚至有可能落进西方文化的陷阱。

中华文明是一个儒、道、佛、墨、法等多元文化的综合体，具有极丰富的内涵。其中有些东西是在一个文化集合中的融合体。如果单独强调一面，就会破坏整个文化生态。“人不为己，天诛地灭”“人为财死，鸟为食亡”“各人自扫门前雪，休管他人瓦上霜”，这些文化心理如同一只怪兽，必须加以限制，如果把理性的栅栏拆除，它们就会跑出来危害他人，危害社会。“二战”期间，被侵略的民族出内奸较多的国家可能就有中国，为什么？就是因为有些人只考虑个人得失，不顾民族大义。

现在西方文化对中华文化的入侵是不容低估的，甚至是可怕的。一些专家在做学术报告的时候，对西方的教育理念与案例谈得很多，认为我们只能跟在他们后面才有出路。可是，我发现，这些所谓的先进理念，在某种意义上都没有超越孔子，有些甚至是西方学习了孔子的教育思想，然后又从西方转移过来的。但是，我们的专家并没有意识到这原本就是中国的文化教育精华。这种可怕现象，说明就是连我们的某些专家，也没有重视与研究我们中国传统经典文化，而是拜倒在了西方学者的脚下，成了事实上的崇洋媚外者。他们对西方的东西是全然拿来、全然接受，但在全部拿来、全部接受时，由于本来有一个文化断层，对于中国最经典的文化，在他们的小学、初中、高中阶段学之甚少，后来在研究的过程中更与这些经典疏离了，对于这些经典到底是什么，他们的理解并不深刻。

正是基于这种思想，他们对于中国的经典，持有一种排斥态度。有一位专家对我讲，《论语》有什么用？我说，你应该认真研究一下《论语》之后再说这话，不然，会闹出笑话的。他说，我可有“铁证”啊！我说，你说说你的“铁证”。他说，我正要写一篇批判“孔老二”的文章呢，其中有些观点是谁也驳不倒的。那我说，你说说最主要的观点吧。于是，他非常气愤地说孔子有一句话说：“唯女子与小人为难养也。”（《论语·阳货》）你看孔子对女人看法这么坏，男女早就平等了，他说这话不是大问题是什么？我问他，你认真看《论语》了吗？他说看过一些语录。我告诉他，你最好再认真读读，你只知道前半句，不知道后面还有话呢？全句话是：“唯女子与小人为难养也，近之则不孙（逊），远之则怨。”“近之则不孙（逊），远之则怨”是因，“难养”是果。

这句话历来常被人误解，成为诟病孔子的依据，出现这种情况，主要是由于不了解其中的真正含义造成的。这句话的意思是说，只有女子与小人是难以相处的，亲近他们，他们就会无礼，甚至没大没小；疏远他们，他们就会怨恨。如果我们看看孔子说的另外一段话，就可以理解了：“天下的人，惟有妇人女子与仆隶下人最难畜养。”“若是昵近他，他便狎恩恃爱，不知恭逊之礼，是近之不可也；若是疏远他，他便失去所望，易生怨恨之心，是远之不可也，此其所以难养也。”（《论语别裁》，张居正著，陕西师范大学出社 2007 年版，第 282 页）李泽厚先生甚至认为这句话“相当准确地描述了妇女性格的某些特征。对她们亲密，她们有时就过分随便，任意笑骂打闹。而稍一疏远，便埋怨不已”。这种心理性格特征本身并无所谓好坏，只是由性别差异产生的不同而已；应说它是心理学的某种事实，并不含褒贬含义。小人呢，李泽厚先生说，“作一般人解，或作修养较差的知识分子解”

（《论语今读》，生活·读书·新知三联书店 2004 年版，第 492 页）。据我理解，这里的“小人”应该指没有文化与地位的人。大家知道，孔子的“有教无类”虽然称得上是一个巨大的教育革命，但是，他并没有收女人做弟子。也就是说，当时的女人，大多没有文化，当然，也没有地位。文化就是以文化人，经典的文化如果内化到我们个体的心里，外化出来就是一道绚丽的风景。因为经典文化可以改变我们的话语方式、思维方式，甚至言行举止，以至于心灵状态。由于当时的女性没有经由文化的熏陶，也没有地位，在各个方面表现出来，就可能与没有地位与文化的男性“小人”属于同类。现在男女都一样，经过学习，都有了文化，也有了地位，就不会再与孔子所说的“小人”同属一类了，也可以是君子了。

这个专家沉默了片刻，又说，陶老师，这个问题我没有什么可说的了，可是，还有一句呢！就是孔子说的“仕而优则学，学而优则仕”。这种官本位思想，影响中国几千年，到现在都阴魂不散，你说能不批判吗？我对他说，非常遗憾，这句话不是孔子说的，是他的弟子子夏说的。当然，也代表了孔子的思想。其实，这句话正确的解释应当是这样，如果当官者有充裕的时间，可以去学习，不只学习知识，还包括学习做人。如果你的文化知识学习好了，做人也做好了，你可以去当官嘛！我说这有什么错？而朱熹的《四书集注》注的是：“优，有余力也。仕与学，理同而事异。故当其事者，必先有以尽其事，而后可及其余。然仕而学，则所以资其仕者益深；学而仕，则所以验其学者益广。”刘宝楠的《论语正义》卷二十二作解：“古者大夫士，年七十致事，则设教于其乡，大夫为大师，士为少师，是仕而优则学也。学至大成乃仕，是学而优则仕也。”与教育专家的对话，让我感到经典教育任重而道远，连专家对经典都陌生如此，疏离如此，更何况普通的民众呢？

【**王登峰**】这说明一个问题，很多人对经典的了解还停留在“文革”时批林批孔的水平。

【**陶继新**】中国人如果再不重视中国自己的经典文化，失去的就不单单是我们的民族精神，就连经济发展、军事发展等也会受到影响。这种沉痛的教训我们有过。一个民族的存亡靠的是文化，自古到今都是如此。当初犹太人被迫分散在世界各地，由于对文化的坚守，千年之后仍能复国。文化亡则国亡，不少有识之士开始重视中国传统文化，现已到了我们认祖归宗迫在眉睫的时候了。可以说，人和人之间、学校和学校之间、国家和国家之间，最终的竞争力实际是在文化上。

中华经典的两大特质

人文日新

【陶继新】前面讲过，很多被称为西方的先进理念，在中国经典文化中大都可以找到源头。比如，“辩证统一法”，大家都觉得是黑格尔提出的，但是早在两千五百多年前，老子就提出了“反者，道之动”“有无相生，难易相成，长短相形，高下相倾，音声相和，前后相随”“祸兮福所倚，福兮祸所伏”等辩证统一论；再比如“以人为本”，一般人认为这是舶来品。其实，它的本质要义并非始于西方。以人为本的核心是把人当成人，当成根本来对待。看看《论语》和有关记载，我们就会发现，这在孔子“爱人”“老者安之，朋友信之，少者怀之”“有教无类”等思想中早已存在了。甚至可以说，孔子是以人为本理念的创始人之一。

我们知道以人为本的科学内涵需要从两个方面来把握。首先是“人”这个概念。“人”在哲学上，常常和两个东西相对，一个是神，一个是物，人是相对于神和物而言的。因此，提出以人为本，要么是相对于以神为本，要么是相对于以物为本。而中国历史上早就提出过“天生万物，唯人为贵”（《列子·天瑞》），而“天地之性，人为贵”（《孝经·圣治章》）也成了中国传统文化中一个非常响亮的口号。

孔子之前，特别是殷商时代，重鬼神超过了重人，巫术文化占据着相当重要的位置，尽管巫术文化并非一般人所说的那么不好。可是，人特别是下层人不受重视，甚至被作为殡葬品而与死人“同归于尽”，孔子对这种做法深恶痛绝，他曾说过：“始作俑者，其无后乎？”（《孟子·梁惠王上》）孔子认为，支持用人来陪葬的人应该断子绝孙。孔子还提出“未能事人，焉能事鬼？”“未知生，焉知死？”（《论语·先进》）甚至认为：“敬鬼神而远之，可谓知矣。”（《论语·雍也》）这种从重鬼神到重人道的变革，无疑成为中国历史上以人为本的典范。

大家知道，孔子之前，读书上学是贵族子弟的特权，普通人是不能够上学的。但孔子倡导“有教无类”和“因材施教”，把学在官府一下子移至了学在私学，不论贫富贵贱，只要愿到孔子门下学习者，他都统统收为学生，以至有了弟子三千，贤者七十有二。可以说，孔子办了中国第一所没有围墙的民办学校，并兼任了这所学校的老师和校长。他不图名，不图利，目的就是将人培养成真正意义上的人，特别是将穷人的孩子培养成有人格有学识的人。所以，孔子是一位真正意义上的平民教育家，是真正意义上的以人为本者。

现在，不少地方也办起了民办学校，有的还是“贵族”学校，不少“贵族子弟”云集其中。可是，对于平民百姓来说，是绝对可望而不可即的。因为这里面的设施条件多属“一流”，当然，收费也堪称“一流”。如果再有名校长与名师，人们就更会趋之若鹜；当然，收费也会更高。如果孔子在世，他会这样做吗？他没有条件修建“一流”的校舍，其教学场所有时还是流动的。可是，衡量一所学校是不是名校，关键是有没有名校长和名师，如果有大师一级的校长与名师，学校就会更加有名。孔子显然是世界级的大师，他所办的学校荣登名校之榜自然是当之无愧的。如果当时孔子想借此发一笔大财是绝对没有问题的。可是，他没有那样做，他的收费几乎是零，而且平民子弟照样可以登堂入室。

孔子之所以不分富贵贫贱地接收学生，是因为在他看来，人生来是一样的，所以，他说："性相近也，习相远也。"（《论语·阳货》）在他看来，人的本性是一样的，只是由于后天的习染，才有了差别。那个时代，穷人的孩子之所以没有文化，不知礼义等，就是因为他们不能进入学校，没有老师的指点，缺少"习"的机会。而一旦进入孔门，就可以通过"习"而进入君子的行列，甚至可以步入仕途，成为实施仁政的为官之人。孔子之前，所谓的君子，都是贵族阶层的人士，穷人是不能称为君子的，他们只能属于"小人"的行列。可是，孔子认为，人并非生而就能成为君子的，只有通过"习"，才能成为人格高尚的人，才能称得上君子。他的一些弟子，尽管出身贫寒，可是，在具备了道德之后，就都进入了君子的行列之中。所以，从孔子之后，人们对君子的理解，又赋予了思想道德的内涵。

孔子的人本思想一以贯之地体现在他的教育生涯之中。无论弟子们出身如何，他从不差别对待，比如颜回，被他看作是弟子中唯一可以称得上"仁"的人。在读《论语》的时候，我们发现，孔子非但不歧视下层人民，反而格外关心。《论语·乡党》中就有这样一章："厩焚。子退朝，曰'伤人乎？'不问马。"大家知道，孔子所处的时代，奴隶是没有地位的，可以在市场上买卖交换，四个奴隶才能换一匹马。但是，孔子家里的马厩失火之后，孔子退朝回家之后问的第一句话就是"伤人乎"，而"不问马"。可想而知，马厩失火之后，比奴隶身价贵几倍的马一定有伤有死。由此可见，孔子关注人之生死远远超过了对马之生死的关注。如果不是以人为本，他就可能问马不问人了。

孔子的弟子冉伯牛得了不治之症，据说是得了传染非常厉害的麻风病。但是，孔子还是专门去探望他，而且从窗外握住他的手，感慨不已地说："亡之，命矣夫！斯人也而有斯疾也！斯人也而有斯疾也！"（《论语·雍也》）意思是说，真没有办法啊，这是命运啊！这样的人怎么会生这样的病啊！这样的人怎么会得这样的病啊！《论语》中进入"德行"科的四人"颜渊、闵子骞、冉伯牛、仲弓”（《论语·先进》）中，就有冉伯牛啊！可是，如此之贤人，却有如此之恶疾，怎能不令孔子痛心？从中我们也可以看出，孔子是很有人情味的一个人，甚至不顾被传染上恶疾的危险而去看望自己的学生。现代教育要求老师要爱生如子，以生为本，而孔子就是一位爱生如子的老师啊！

西方到了近代，即欧洲文艺复兴时期才把人对神的崇尚，转向对人自身的崇尚，才明确了以人为本的人文主义，而中国，则已经有了两千多年的历史记载。

【王登峰】陶老师从孔子角度讲“人文精神”，中国文化的人文精神由来已久，《易传》里面就有“天地人”三才观念了，这在任何一个文化里都不可能有，只有在中国文化里天地人是并列的。你看甲骨文的天怎么写？上面很大一个“口”，代表人的头部，下面就是一个张开双臂的“人”，即在中国古人的心目中，正面站立的人就是天。甲骨文中的“人”字是怎么写的？就是一个侧立的人形，天和人就是这样的关系（见下图）。

图　甲骨文中的“天”（左）和“人”（右）

现在五千多个甲骨文的单字，我们能够辨认的不到一千个，只有九百六十多个，这九百六十个我们能够辨认的甲骨文单字里，很多是按照人来造的，教育的“教”，改正的“改”都是按照人来造的。这说明中国文字是真正以人为本的文字。如果说在这个社会里神权高于一切，权势高于一切，他在造字时一定会按照神话和社会阶层来造，不会按照人。把人放到了至高无上的地位，在全世界所有文化里，只有中国文化对人是最为尊重的。所以《周易·系辞下》说：“古者包牺氏之王天下也，仰则观象于天，俯则观法于地，观鸟兽之文与地之宜，近取诸身，远取诸物，于是始作八卦，以通神明之德，以类万物之情。作结绳而为网罟，以佃以渔，盖取诸《离》。”

所以我非常同意陶老师刚才讲的人本主义、人道主义，现在西方人拿这个来教训中国人，其实他们应该是中国人的徒弟。什么叫人道主义？看看汶川就知道了，看看这次舟曲泥石流就知道了，看看奥运会就知道了，我们是真正的以人为本。两千五百多年前，孔子的“大同理想”描绘的是什么样的景象呢：“大道之行也，天下为公：选贤与能，讲信修睦。故人不独亲其亲，不独子其子；使老有所终，壮有所用，幼有所长，矜寡孤独废疾者皆有所养；男有分，女有归。货恶其弃于地也，不必藏于己；力恶其不出于身也，不必为己。是故谋闭而不兴，盗窃乱贼而不作，故外户而不闭，是谓大同。”（《礼记·礼运》）在孔子的“大同世界”里，对于社会地位最低的人都给予充分的尊重，而现在我们建设以人为本的和谐社会，这是一脉相承的。从两三千年前到现在，我们以人为本的精神根本就没有改变，是一脉相承的。

【陶继新】《周易·说卦》有言：“立天之道，曰阴与阳；立地之道，曰柔与刚；立人之道，曰仁与义。”世界上有白天一定有晚上，有太阳一定有月亮，有男人一定有女人，即有阳一定有阴，正所谓“一阴一阳之谓道”，这是天道运行的规则。而人道何在呢？孔子说了两个字“仁”与“义”。我认为这是从人的生命力本质上来说的。孔子甚至把道德追求看作是人生意义的全部。他说“笃信好学，守死善道”（《论语·泰伯》），“朝闻道，夕死可矣”（《论语·里仁》），可见都是从做人的本质来说的。以人为本，如果疏离了“仁”与“义”，就会背离“立人之道”的原则。作为一名教育者，若不能提升其道德意识就无法获得心性的成长，换言之即如果“立人之道”出现了问题，那么，即使你取得当下所谓的成功，最终也必然会走向失败乃至消亡。《大学》开篇就说：“大学之道，在明明德”“自天子以至于庶人，壹是皆以修身为本”，因为“身修而后家齐，家齐而后国治，国治而后天下平”。

立己达人

【陶继新】孔子的另一个思想，就是“己欲立而立人，己欲达而达人”（《论语·雍也》）。意思是说，我自己成功了，还得帮助别人成功；我自己发展了，还希望别人发展。你想想，美国发展了、成功了，它就只管自己成功，自己发展，其他国家发展不发展、成功不成功，甚至存在不存在，它都不管，是典型的大国沙文主义。而孔子的这种“忠道”思想不但在中国几千年长盛不衰，而且也越来越多地影响到世界。如果世界能遵奉孔子的这种思想，我想整个世界就会大同的。世界上将不会有战争，恐怖袭击、暴乱等一系列的问题将不会存在。

周文王完全可以取代商纣王，但他不取而代之，为什么？天下基本上已经在我手里了，但我还是让你当老大，一直到最后武王伐纣，才取而代之。在孔子看来，文王更值得尊重，所以，《论语·八佾》中就有这样一段话：“子谓《韶》，尽美矣，又尽善也；谓《武》，尽美矣，未尽善也。”大家知道，《韶》，是舜的乐名；《武》，是武王的乐名。尽美，形容到了极盛之处；尽善，意思是说盛美到了极善之处。据孔子门人所记：“自古帝王有成功盛德于天下，则必作乐以宣之，故观乐之情文，便可以知其功德，然其间自有不同。吾夫子尝说：帝舜之乐，叫做《大韶》，他作于绍尧致治之后，其声音舞蹈至于九成，固极其盛美而可观矣。然不但尽美，而美之中又极其善焉。盖舜以生知安行之圣人，雍容揖逊而有天下，故心和气和，而天地之和应之。对于格神人，舞鸟兽，其妙有不可形容者，所以说又尽善也。武王之乐，叫做《大武》。他作于伐暴救民之日，其节奏行列，至于六成，固极其盛美而可观矣。然就其美之中而求之，则有未极其善者焉。盖武王以反身修德之圣人，征诛杀戮而得天下，故虽顺成和动之内，未免有发扬蹈厉之情，比于韶乐，则微有所不足者，所以说未尽善也。”（《论语别裁》，张居正著，陕西师范大学出版社 2007 年版，第 41 页）孔子所说的这些话，尽管是评古乐之不同，而两位圣人之优劣，已经尽在其中矣。

儒家文化认为人与人之间相处，应当宽容。因为宽容别人，其实就是宽容我们自己。多一点对别人的宽容，其实，我们生命中就多了一点空间。正所谓“紫罗兰把它的香气留在那踩扁了它的脚踝上”。一位哲人说过一番耐人寻味的话：天空收容每一片云彩，不论其美丑，故天空广阔无比；高山收容每一块岩石，不论其大小，故高山雄伟壮观；大海收容每一朵浪花，不论其清浊，故大海浩瀚无比。

事实上，不同国家、不同文化、不同政治制度中人民之间的友谊，是建立在宽容合作的基础之上，而宽容合作也是天下太平的基石。

美国的现代化理论发展到极限引发了竞争、斗争和战争，而我们中国的中庸之道倡导的则是和睦、和谐、和平的思想。于是，美国现代化推到极限而变成三争文明——竞争、斗争、战争之时，东方强调三和文明——和睦、和谐、和平，应当有互生互补之功。互生互补即孔子所说的人道，人道即互生之道，孔子所说的互生之道与当下西方所流行推动的共生、双赢之道是不同的。互生是积极地提供有利于对方生存的条件，使对方的生存能获得更大的保障与美善。而共生之道是主张不伤害对方的生存、消极地保障彼此并生的态度。今天世界重新关注东方发现东方和谐思想，重新评价中国经典的中庸思想，是时代发展和东西方差异文化互相尊敬的必然结果。

【王登峰】中国人强调“和谐”，用大白话来讲就是，当我们有大鱼大肉吃的时候，让最差的人也能有碗汤喝，让他能够活得下去。因为现在喝汤的人过若干年以后可能他在吃肉。这是中国人本主义、人道主义的精神，同时也是中国对这个世界最重要的一种贡献，价值理念的贡献，思维方式的贡献，要把所有人都当人看，而且等级地位的差别要让最底层的人都能够接受，而不是西方的强权政治，谁的嘴巴大谁的声音就高，谁的拳头硬谁就说了算。在中国文化里，这种东西其实是受到否定和批评的。

现在来看，我们应该更加重视中国文化的传承，更加重视让大家读经典，我和陶老师刚才讲的这些内容，就在《论语》《孟子》《庄子》等经典之中。

中国文化的传承是自发的，虽然很多人没有读过经典，但这种东西是通过我们的血液传下来的，是长期的积累，它在中国人心目中有它的地位。所以有人讲《论语》、讲《庄子》，老百姓都会很喜欢，因为如果他的心里没有，他不会喜欢的。

【陶继新】有一个《天堂与地狱》的故事，很耐人寻味：

> 有人和上帝讨论天堂和地狱的问题。上帝对他说："来吧！我让你看看什么是地狱。"
>
> 他们走进一个房间。一群人围着一大锅肉汤，但每个人看上去都是一脸饿相，瘦骨伶仃。他们每个人都有一只可以够到锅里的汤勺，但汤勺的柄比他们的手臂还长，自己没法把汤送进嘴里。有肉汤喝不到肚子。只能望"汤"兴叹，无可奈何。
>
> "来吧！我再让你看看天堂。"上帝把这个人领到另一个房间。这里的一切和刚才那个房间没什么不同，一锅汤、一群人、一样的长柄汤勺，但大家都身宽体胖，正在快乐地歌唱着幸福。
>
> "为什么？"这个人不解地问，"为什么地狱的人喝不到肉汤，而天堂的人却能喝到？"
>
> 上帝微笑着说："很简单，在这儿，他们都会喂别人。"

故事并不复杂，却蕴涵着深刻的社会哲理和强烈的警示意义。同样的条件，同样的设备，为什么一些人把它变成了天堂而另一些人却经营成了地狱？天堂和地狱即说明孔子所说的“仁”道是互生之道。人与人之间的互生之道，可以使有或者没有血缘关系的人都能够互生。互生之道下，社会安定、家庭和谐、天下和平。在时下也就是你是选择合作共享幸福还是独霸利益。可以说，没有合作意识的人，即使有很大的能力，在实际工作中依然得不到人们的认可；而有合作意识的人，不但得到大家的认可，也因其品格高尚而得到大家的帮助，从而取得比较大的成绩。

经典教育在行动

经典诵读校园行

【王登峰】1997年，各地就陆续自发在中小学让孩子们读经典诗文了，效果非常好。2007年，我在国家语委工作，一直在想用什么方式推广普通话这个问题：让大家一起诵读经典，是不是也可以起到推广普通话的作用，同时又能弘扬优秀传统文化呢？

现在想来其实这只是表面的原因，更直接的原因是这些年我们大家都感觉到中国优秀传统文化在现代人的生活中好像越来越少。随着经济全球化的进一步深入，如何让优秀的民族文化、优秀的传统文化一代代传承下去，这可能是社会各界，包括中央领导、知识分子到普通老百姓都非常关注的一个问题。

我们想到把中华经典诵读变为长效机制，让更多人、更多学生接触中华经典，因为只有接触了才有可能喜欢，喜欢了才可能热爱和弘扬。从教育部、国家语委的角度来讲，希望通过对经典诵读这项工作的推进，既弘扬优秀传统文化，又提高学生的综合语言文化素质，同时也使其成为推广普通话、推行规范汉字的有效途径。

这么多年做下来，社会反响非常好，从中央、国务院领导到各个学校的领导和老师、家长们，都非常认同这件事情。

【陶继新】2007年10月10日至12日，我到安徽省铜陵市人民小学采访，发现朱闩根校长对中国传统文化很有研究，特别是对于儒家文化，更是情有独钟。他用儒家原典来构建学校文化，来提升老师们的人格，效果非常明显。就说师德建设吧，这无疑是学校的一项重要工作，于是，学校里就有了关于师德的各种各样的条文。其中不乏精彩者，但人云亦云、大而化之者亦不为少。而师德条文如果没有文化内涵，缺失个性与指向性，就会成为远离教师与学生的一纸空文。而人民小学的《教师职业道德十条》，全系孔子等儒家大师的经典语句，言简而又意丰：

团结：君子周而不比，小人比而不周。
君子和而不同，小人同而不和。

宽容：人不知而不愠，不亦君子乎？
不患人之不己知，患不知人也。
己所不欲，勿施于人。

自强：士不可以不弘毅，任重而道远。

自省：行有不得，反求诸己。
见贤思齐焉，见不贤而内自省也。

助人：君子成人之美，不成人之恶。小人反是。

学习：学而不厌。
学而时习之。
敏而好学，不耻下问。

责任：小人之过也必文。

仪表：君子不重，则不威，学则不固。

诚信：为人谋而不忠乎？与朋友交而不信乎？
人而无信，不知其可也。

教学：诲人不倦。
不愤不启，不悱不发。

儒家经典思想在中国及世界上流传了数千年，越来越彰显其思想的光华。取其精华纳入师德之中的学校，可谓匠心独运了。人民小学之所以有这样的师德要求，关键是朱闩根就是一位对儒家思想颇有研究的校长。也许有人称之为“拿来主义”，可谁又能拿来得如此得心应手与恰到好处？如果没有对儒家文化与现代师德进行过认真思考，绝不会有如此真正意义上的古为今用。从这个层面上讲，朱闩根又是一个创造者。

我于2017年6月10日在《中国教育报》上发表过一篇《构建关联“国学根基”的课程——罗浮山国学院附属学校的中国式教育》的长篇报道文章，引起了比较强烈的反响。这所学校不但开设了“《论语》日修”课程和“《道德经》德行”课程，还开启了“《易经》易学”课程。

《易经》被称为群经之首，群经之始。毋庸讳言，这本凝聚着古圣先贤古老智慧的《易经》，曾被误解为就是一本讲述占卜算卦的玄学书籍。其实，占卜算卦只是它最浅层之用，更重要的是，它是解开宇宙密码的既古老又新奇，既陌生又熟悉，既高深莫测又简单容易的一本书；同时，《易经》又是一门生生不息的学问，是中国人群体智慧凝结成的学问体系。

所以，学校创办之初，就提出了《易经》进课程、进教材、进课堂的设想，李秀伟校长积极地带领老师们开设了“《易经》易学”课程。

有人也许会提出疑问，《易经》晦涩难懂，即使大人也很难知其真正的内涵，让小学生诵读《易经》，不是强人所难、增加负担吗？

他们之所以会有此疑问，多是因为其用成年人学习思维来框定了孩子的认知思维。其实，小孩子与大人学习古文是不一样的，背诵的效果也是大相径庭的。方块体的汉字具有图像的特点，体现了古代文明的智慧，象形文字更是如此。而小孩子对于图像有着特殊的感知、记忆与理解能力。所以，大人感到不解其意、很难背诵的《易经》，学生背诵起来并不困难。如果附以有效的诵读方法，就会产生事半功倍的效果；不但不会形成负担，背诵起来反而有一种乐在其中的感觉。背诵的速度之快，更是让人匪夷所思，让大人们望尘莫及。我们的古人参透此理，所以，从小就让孩子“素读”经典，即不求甚解地读，以至熟读成诵。大凡国学大师，大都有儿时大量背诵经典的“童子功”。

从教学现场看到，孩子们背诵《易经》，指导教师不仅仅是语文老师，还有音乐老师、数学老师，甚至体育老师，这就有了《易经》背诵的音韵、数理、律动。当然，如果我们理解其都是老师们在指导学生诵读，就又不准确了，因为这所学校的实践宗旨是“老师们是来陪同学们读书的”，他们不只是孩子们的老师，也是与孩子们共同学习、一起成长的“同道中人”。老师们是在与孩子们同步背诵，尽管他们达不到孩子们的诵记水平，可“发愤忘食，乐而忘忧”的精神，让他们的背诵也与孩子们有了等量齐观之妙。

《易经》的内涵是极其丰沛的，它揭示了人与事物甚至是整个宇宙间的对立统一、阴阳互根、阳逆阴顺、此消彼长、物极必反等规律，以及这些规律数千年沉淀和积累形成的自强不息、厚德载物、居安思危、乐天知足等中华文明的基本精神与文化核心、精髓——和谐意识。正因如此，学校将《易经》的学问与智慧，与各个学科的教学关联起来，重构了“语文·国学、数学·术理、外语·游艺、科学·万物、道德·法治、艺术·精神、体育·实践”课程，形成“《易经》易学”课程体系，由教师带领学生在“易经广场”以及专用教室进行具体实施。

如果说学校课程的总设计师是李秀伟校长的话，那么，每位教师又从这个总体设计中有了自己的创造。他们根据所教学科特点，对每一个卦象进行教学设计，64 个卦，7 大学科，这样就有了《易经》易学 448 个实践性的学习项目，引领学生在游戏中进行卦象学习和对《易经》中“成人”的探索，这样丰富而有根基的校本课程以易经思想来“关联万物”，极大地丰富了孩子们的童年学习生活。

比如蒙卦教学的设计，就呈现出八仙过海、各显神通的妙道。

高金德老师数学教学的设计角度是“认识钟表”。通过让学生设计时间表达到认识钟表，逐渐体会学习本是自己的事情，只有善于规划、主动求知才能获取真知，此即为“匪我求童蒙”的内涵。

高金德老师认为，蒙卦“匪我求童蒙，童蒙求我”的智慧直到今天依然有着巨大的意义。它与孔子所说“不愤不启，不悱不发”，《学记》中的“记问之学，不足以为人师，必也其听语乎”，以及“道而弗牵，强而弗抑，开而弗达”有相通之妙。它昭示一个教学与学习之道，孩子求知并形成智慧，不但需要兴趣，更要培植其主动探究的精神。当他们感到自己拥有巨大自我学习能力，并体悟到学习所带来的无限喜悦，以及精神的高扬时，学习就有了更高的追求，生命也就有了更大的发展。

冯金殿老师在语文课中对蒙卦教学的解读角度是卦辞诵读、字词识辨、文意理解，结合下坎、上艮，来理解山水启蒙，幼小成长，从人的出生初长到万事万物的萌发探索，再到“元亨利贞”生生不息的发展基础，逐渐将“固本培元”与“童蒙养正”领会于心。

品德教师则用案例学习，结合“礼闻来学，不闻往教”之礼，引领孩子懂得“尊师敬教”，懂得“学问为先”，感悟“自强不息”与“厚德载物”的思想内涵。

外语游艺，则让孩子们以“童蒙求我”为主题独创课本剧，外语有了艺术化的设计，“蒙，山下有险，险而止，蒙”变成了学生外语课本剧的思维切入点。

张菁老师的科学课在设计“罗浮山的水”的教学时，则布置孩子们从不同角度对“水”进行自主研究，在小组探究、课堂展示、实地考察中体会“初筮告，再三渎，渎则不告”的学习准则，从而激发了学生主动探究的热情。

体育老师刘馨蔓的蒙卦课程设计是邻家做客，做客罗浮山国学院附属学校的邻居“百岁山山泉水厂”。课程体育要素：队列、行进、口令、动量；蒙卦要素：“顺以巽也”；数学要素：距离、比较等尽显其中，所以这节蒙卦体育是体育老师、语文老师、数学老师，以及百岁山山泉水厂的员工和孩子们一起呈现的。

学习《易经》，不可能不关注64卦。说起64卦，就不能不了解《序卦》，它作为《易经》的一“传”，让我们了解到64卦周而复始、物极必反之道。所以，了解每一卦的意思，对于深入学习《易经》的易理与要义，是必经之路。为此，学校还开设了“每周一卦”选修课程。每周半天时间，师生通过背诵一卦的卦辞，了解其中的基本内涵。

64周下来，师生不但背会了64卦的卦爻辞，还知晓了其间的转化之道与内在意蕴。比如由于“有大者不可以盈”，形成了谦卦。即因为谦虚才能长久，此之谓“劳谦，君子有终”也。可见，记诵的过程，也是学做人的过程。

学习《易经》，还让老师们明白了教育教学的为人之基、育人之道。比如其中有这样一句大家耳熟能详的话语:“积善之家，必有余庆; 积不善之家，必有余殃。”那么，什么是善? 对于老师来说，教育好学生，就是最大的善。同时，有了这个大善，也是为自己积善，从而让自己有了“余庆”。看来，为善不但是利他的，对自己也有好处。懂得这个道理后，全身心地爱孩子，努力地教好学，享受职业幸福感，进而拥有幸福的人生就水到渠成了。

即便如此，可能还是有人会对一年级学生就开始学《易经》感到不解，“《易经》真的很容易”，真的很容易吗? 罗浮山国学院附属学校的师生们，可以给出答案。

我一方面在全国采访开展经典诵读者，一方面也在全国各地为中小学教师、校长及家长等讲经典诵读的重要性与必要性。这些年来，每年都要讲几十场关于经典诵读的报告。希望让他们“取法乎上”地走进经典诵读的境地，提升个体思想文化品位，特别是能影响到更多的学生，从而将内蕴于孩子之中的巨大潜能尽早尽快地开发出来。在做报告的时候，我看到不少校长与教师的感怀与激动，以及此后的读书行动，于是，胸中便涌动起一种特殊的幸福感。因为文化作为人的存在方式，根本的追求是使人“文”化，由人文来化人。人只有在学习和创造文化的活动中，才能成为永远幸福的人。于是，我也成了《中国教育报·读书周刊》2005年度十大推动读书人物。

在生活中亲近经典

【王登峰】中国的优秀传统文化受到越来越多的挑战，我们做中华经典诵读活动是为了让孩子们更好地成长，像您说的，提高他们的文化素质。任何一个民族都应该传承自己的优秀传统文化，但应该看到我们现在确实在这方面遭遇了很大挑战。现在不光青少年，包括成年人，对自己经典的熟悉度是很低的，很多人都不知道我们的经典。举例来讲，“央视”《百家讲坛》推出了很多明星学者，讲《论语》的，讲《庄子》的，大家都看得非常高兴，当时有个记者问我怎么看待这件事情，我说这说明了两个问题：

第一个问题，说明我们的经典里蕴含的人生智慧、价值理念、生活方式、伦理道德是能够得到广大群众认可的，大家觉得非常亲近。但同时也说明了另一个问题，一个电视讲座能够让那么多人如痴如醉，说明可能有很多人原来对于经典内容是不知道的，如果知道了，可能他就不会那么迷恋。就像有些高校学者对《百家讲坛》的内容提出很多质疑一样，说不符合实际、不符合原著，我想这有一定的客观性，但这也恰恰说明为什么只有专家学者才能够提出问题来，一般受众听了以后只是觉得高兴、觉得好的原因。因为大多数人对于经典知之甚少，甚至有个大学老师告诉我，现在很多文科大学生连“四书五经”是哪“四书”、哪“五经”都搞不清楚，这是我们现在面临的非常严峻的挑战。

从另一方面来讲，我们对西方的价值理念、西方的生活方式、西方人的人生态度反而是无条件接受，这样的结果也就是我们一开始提到的中华文化如何传承的问题，再过若干年，还有多少人了解我们的传统文化？有人开玩笑说，五十年以后再读经典可能我们就要读英文版了。外国人反而把我们的东西搞得很清楚，他们写的东西让我们看着很亲切，我们自己的经典反而没有人了解。这是我们面临的第一个挑战。

第二个挑战就是习俗的问题。其实经典、文化的传承是靠两个途径，第一就是靠经典，也就是宋代的张载所说的“为往圣继绝学”，其实就是一代代把优秀作品流传下来，但这最多只能作为知识分子研究的课题。就像《百家讲坛》的内容只有高校里专门研究这个问题的专家才能提出来问题。他们掌握了经典，这是非常重要的一方面。

但在我看来更重要的应该是习俗的传承，也就是说，在日常生活里，在民间传统节日的习俗里，其实是蕴含了中华经典的人生价值观、核心理念，包括生活伦理，比如中国传统节日清明节、端午节、七夕节、中秋节，还有重阳节，包括春节，都有各种各样的民俗在里面，我们仔细想想，这些民俗其实是中华经典里核心价值理念的现实演绎。我们为什么纪念屈原？因为他是爱国诗人，因为他对自己国家、对自己人民很热爱；我们为什么要过中秋节，是人们出于团圆的愿望。再比如七夕，有人说它是中国的情人节，其实这又错了。第一，这两口子分开了多少年？是一万年，五万年，千万年，而且每年只能见一次面，就这么多年一直坚守，每年到这个时候都准时地到天河的两岸，等着喜鹊搭桥，然后见面，见面以后又分开了，然后又是一年，这么多年都能够保持每年都去，这是中国人的家庭观念，西方的情人节能比吗？根本不可能。第二，牛郎每次去的时候，都拿扁担挑着他的一双儿女，跟情人节一样吗？情人节还带儿女，不可能的。这也是中国人的家庭观念。秦观那时候就说：“金风玉露一相逢，便胜却人间无数。”我认为这就是中国人的家庭观念，对爱情、对感情、对家庭的一种坚守，所以这个节一定要过。而现在除了对经典的疏远以外，习俗也离我们的生活越来越远了。

相反的，很多人倒是特别熟悉洋节，如果说中国传统节日是中华文化、中国文明价值理念的现实演绎，西方节日同样也是西方文明的现实演绎。

当我们不再过自己的节日而开始过西方的节日时，其结果就是我们在逐渐远离我们自己的价值理念，而越来越多受到西方价值理念的影响。再加上我们对经典的疏离，在面对世界时我们要用一种什么样的心态融入这个世界、融入这个社会？可能我们自己的根本就会丢掉。这是现在我们的传统文化面临的最大挑战。

【陶继新】您所说的人们对《百家讲坛》经典主讲人褒贬不一的看法，我也有同感。毋庸讳言，有的主讲人对经典文化很有研究，也讲出了经典文化的价值与意义。不过，也确有主讲人虽侃侃而谈，可对于经典的某些理解是错误的，感悟是在浅层次徘徊的。遗憾的是，很多的受众非但发现不了问题，反而喜欢之至。这说明不少人没有更好地学习经典，更遑论深入研究了。从这个意义上说，恰如您说，这是“面临的非常严峻的挑战”。而正因如此，推广经典教育，也就愈发变得紧迫与重要。

王司长说的经典“在民间传统节日的习俗里”也给我以启示，让我想到，不只是传统节日，二十四节气也与经典有着非同一般的关系。

古人写四季的诗词非常多，是因为他们比现在的人更加关注节气的由来。古人讲天人合一，敬畏自然，他们希望通过诗词来给节气立传。而内蕴着审美情趣的诗词，与大自然相关的节气融合为一的时候，就有了别样的意义与情调。

小学语文统编教材中的一百多首古诗词，竟有八十多首与春夏秋冬四季有关，而这些季节又或多或少地与节气有着关联。于是，江苏省语文特级教师、无锡市南长街小学副校长诸向阳就萌发了开发二十四节气课程的构想。

他从浩如烟海的古代经典诗词中，逐一研究，将与小学语文教材内容相关的一一遴选出来，作为他设计“二十四节气课程”的“素材”。

节气与自然变化有关，也与每一个生命有关。了解不同的节气会对人产生怎样的影响，人又会有什么样的感受，就有了特殊的意义。诸老师通过节气文化课，让学生不但感受到每一个节气各有意蕴，还发现了不同节气自有其美妙之处。

诸老师通过“二十四节气课程”，让学生不但背诵了大量与之相关的古代经典诗词，而且还让他们懂得，这些看似古老的文化，并没有因为时光的流逝而丧失其意义，而是依然闪耀着智慧的光芒。

为了不让孩子们对于所学的诗词理解浮在表层，诸老师逐一进行了深入的探究，并进行了很有品位的解说。比如释志南写的《绝句》：“古木阴中系短篷，杖藜扶我过桥东。沾衣欲湿杏花雨，吹面不寒杨柳风。”熟读成诵和一般理解并不困难，可是，如果将其放到雨水这个节气里，就有了别一番情调。雨水节气的雨是细细的密密的，这让学生理解了沾衣欲湿意指衣服将湿未湿。这样，虽然雨水沾湿衣服，却有一种喜迎春雨到来的惬意与诗情。而且，此时杏花已经含苞待放，杨柳也冒了新芽。所以，虽然雨水滴落到了脸上，也沾湿了衣服，非但不感到寒冷，反而生出一种春意盎然的美感。

诸老师讲的时候，学生听得如痴如醉，而就在这个节气里，恰巧迎来了细细的春雨，于是，大家就跑到春雨里，观看绿树上摇曳着的枝条，嗅闻花蕾散发出来的幽香。学生不但对诗词有了更加深入的感知，而且也让生命融入这个美丽的节气里。

正因如此，诸老师认为，“二十四节气课程”还是一个生命教育的课程，在让学生背诵了大量古代经典诗词的同时，也让他们的生命绽放出了新的光彩。

【王登峰】2010 年春节正好是西方情人节，我看网上就在讨论：春节那一天正好是情人节，我们是回家和老爸老妈过年呢？还是和自己的情人一起出去 Happy？看上去这是一句玩笑话，但如果这真的成了一个年轻人要选择的问题，可能这件事情本身就是很大的问题。这个问题出在什么地方？不出在孩子身上，出在我们这个社会，出在我们的家长、我们的老师没有把优秀的文化、优秀的传统教给他们。怎么教给他们？不仅是学校教育，还在于整个社会的文化氛围。

有次我看到网上有个消息，一个城市想创造一个吉尼斯世界纪录，在圣诞平安夜搞一个最多人在露天的狂欢，大家在平安夜那天晚上到大街上喝酒、唱歌、跳舞。我看到这个消息后真是哭笑不得，第一，这是一个“洋节”，你起什么哄？跟你有什么关系？这是一个直接的反应。第二，“洋节”平安夜到底是干什么的你都不知道！西方的圣诞节平安夜其实和中国除夕差不多，西方人过圣诞节平安夜怎么过？要去教堂祷告，静静等待12点午夜上帝降临，然后唱赞歌，根本不是狂欢，你搞狂欢是因为连人家圣诞节是怎么回事都不知道，这不是瞎起哄嘛。我们自己的节日为什么你没有那么大的热情？中国春节年除夕晚上怎么过？应该是一家人安安静静地守岁，而且过去有很多讲究，过年的时候不能说不吉利的话，不能说让人泄气的话，特别“死”字是不能够出现的。现在有些人过节变成了“三傻”，第一是傻吃，过年过节了大家一起吃饭；第二是傻睡，终于放假了不用上班，好好睡一觉；第三是傻乐，看着那些毫无文化内涵的节目在那儿傻乐，没有一点儿文化的内涵和底蕴。

比如2010年端午时我在网上看到一个消息：一个韩国留学生在网上发了一整套照片，这套照片是教你怎么吃粽子。他说在韩国吃粽子是有礼仪的，粽子端上来之后怎么打开线，怎么剥开，怎么吃里面的粽子，都有一套礼仪。他做了一套照片的演示，看到没有，你们中国人过端午节已经不如我们了，我们才会过端午节呢。结果网上很多网民跟帖在那里批评这个韩国女孩，说这是我们的端午节，还用你来教？

您提到韩国“江陵端午祭”申遗。其实仔细想一想，这件事情也反映了一个现实，韩国人这样做有他们的道理。我不是说他们是对的，而是说他们很珍惜、珍视这样一个节日，尽管它是从中国传过去的。相反端午节的发源地中国，我们对它的重视程度还不如外国人。这其实也是一个值得我们关注的问题。

现代社会上出现了很多问题，让大家对中国文化、中国社会感到不可理解，其实原因，在我看来，就与我们把自己文化中的优良传统慢慢丢掉，而又不断接受西方文化里极端自私自利的价值理念有关。所以现在要弘扬传统，要解决中国社会中出现的问题，就是要亲近经典，承续传统。

端午节的传说跟三个人有关，屈原是其中一个；第二个是伍子胥，伍子胥也是一个忧国忧民的名臣；第三个是曹娥，她父亲掉到河里淹死了，她沿江哭了三天找不到父亲的尸体，然后投江了。结果三天以后曹娥抱着父亲的遗体漂到了岸上。这三个故事反映了什么？为什么中国人要因为这三个人把它变成自己的节日？这就是一种家国情怀。屈原和伍子胥是对国家的忠诚，曹娥是对自己家庭的责任，或者是一种孝道，这不就是中国文化的价值观吗？我们过端午就是在传承我们的家国情怀。而如果不过端午了，我们的家国情怀怎么传承？

现在我们不管是面对挑战还是解决现实生活中的问题，都离不开对经典的亲近。必须搞清楚中国文化和西方文化，中国传统和西方传统，其实是两种类型。我们把自己的文化丢掉以后，我们的根脉就断了，更重要的是，我们的社会将会出现一系列问题。

【陶继新】春节是中国最重要的节日，是中国传统文化的一个象征。我的老家在农村，我最大的感触有几点：

第一点，春节是一个祥和的节日。刚才您说了，过节的时候不能说“死”字，这是一个大的忌讳；当然，其他不吉利的话也是绝对不能说的，因为它预示着一年崭新的开始，人们祈愿新的一年应当非常平安祥和。

第二点，它是弘扬中国孝道的节日。像我这个年龄，春节的时候都要给父母亲下拜磕头，除了给父母亲磕头，还要到一个村里年长辈分高的人那里去逐个磕头。人们有一种潜意识，孝敬是必须的，苍天有眼在看着，必须这样做。

第三点，春节彰显了一个“和”字。即便两家仇敌，一年没有说话，甚至打过仗，但春节的时候，也必须相互去拜年，他来拜年，你要让他进门，如果你不让他进门别人都会说你；相反，你到人家家里拜年的时候，他不敢将你拒之门外，不然，他也会被村上的人看不起。这样，从春节这一天开始，去年一年的恩恩怨怨都过去了，和谐又开始了。

当然，还不止是这三点，这说明传统节日的内涵太丰富了，如果我们不发扬这些优秀的传统文化，仅仅是在“洋节”上做文章，丢弃掉的不只是中国的传统文化，还有我们由来已久的最美好的品德与风尚。

不过，我们也可以洋为中用，也可以使“洋节”成为传承中国传统文化的载体。2010年父亲节期间，北京大学附属实验学校就过了一个很有意义的中西合璧的节日。这所学校的治校理念是“以孝治校”。董琦校长认为，在当今社会，中外交流日益频繁，文化碰撞日益激烈。我们除了经济上的成就，在精神上流失了什么呢？传统文化的经典、节日、习俗……流失最严重的恐怕还是我们民族的传统美德——孝敬父母。他说，孝道是做人第一之道，是根本，根本深厚则枝繁叶茂。孝敬父母是一生的作业和功课，用心做好作业，不要在孝心上欠账，更不要在孝行上留级。

6月20日父亲节当天，董琦校长亲自为每一位教职工的父亲发出了贺卡，并在全校师生大会上，带头向父亲行跪拜礼。全校还有二十多名学生现场给父母行跪拜礼，其他学生都通过写贺卡、打电话、用毛笔写祝福语等方式表达了对父亲的孝爱之情。在学校的父亲节活动中，学生的感触非常之多。每位学生都给父母写了赠言，很多孩子用平时节省下来的零花钱给父母悄悄地买了礼物，在现场献给父母，很多父母都感动得泣不成声。

学校拟定“薪资新政”，为父母贡献“孝薪”。学校每月都扣除工资的百分之十，直接发放到教师的父母手中。这样就使内在的“孝心”转化为外在的“孝行”。董琦校长说，也许教师的父母并不需要这笔“孝薪”，但是作为子女必须尽到孝敬父母的责任。这也是让教师通过亲身实践对学生进行“身教”的教育方式。

通过这次活动，学生更加孝敬父母，家长更加爱护孩子。父母和子女的感情得到了升华。

看来，面临外来文化挑战的时候，我们不能一直处于守势状态，而应主动出击，用传统文化来感染我们的师生。

令人欣慰的是，目前有的学校与教师，已经开始构建传统节日课程。因为中国七大传统节日有着极其丰富的内涵，探究这些节日的由来及其演变，就会发现其中很多饶有趣味且底蕴深厚的文化元素。如果进一步研究与探索，开发相应的课程，不但会彰显出较高的文化品位，还会让学生在无形之中爱上中国传统文化。

这样的课程，还与不少孩子的父母以及爷爷奶奶、姥爷姥姥有着内在的维系，因为他们之中有的本身就与这些传统节日有着化解不开的深情。所以，有的时候，孩子们的家庭都有可能成为他们学习传统节日课程的重要场所。

【王登峰】大家经常讲，你到外国人家里去，人家问你喝不喝水，你一定要说喝，因为如果你不喝的话人家就不给你水喝。你看外国人多实在，喝就是喝，不喝就是不喝，人家就当真了。说中国客人来了以后很麻烦的，问你喝不喝水？不喝。喝不喝茶，不喝。喝不喝咖啡？不喝。喝不喝可乐？不喝。很麻烦，最后主人没有办法，只好给你上一杯水、上一杯茶、一杯咖啡、一杯可乐。看上去怎么那么奇怪？但把这件事情放在中国文化的背景下来看，这就是中国人的一种智慧和中国人的一种生活方式，我到你家里做客，对于客人来说是打扰你了，到你家来是打扰你，再让你给我倒水就更是打扰你，我于心不忍。这是客人的想法。主人的想法是，你那么远过来做客，你说不喝是为了关心我、体谅我，那投之以桃报之以李，所以反复地问，主人知道客人一定口渴，客人又不说他喜欢喝什么，就只好端一杯水、一杯茶、一杯咖啡、一杯可乐，结果是主客双方都为对方着想，客人说什么都不喝，但结果什么都喝到了。

这是中国文化，这种人生态度和生活方式，和那种问他要喝什么，回答说我要喝茶，最后你只能喝一杯茶，你没觉得你到人家家里给人家添了什么麻烦，主人也没觉得我有什么义务，你要喝茶那我就给你一杯茶，这就是两个不同的结果。你觉得哪种好？

一开始我听到的时候也确实觉得中国文化不如西方文化，应该向人家学习，可是现在回过头看，真的吗？我反而觉得中国文化这样一种人际交往方式比西方的方式要好得多，这就是我们自己的文化，我们要有自信心，不是看上去有差别的就一律往西看，把西方人的标准作为我们的标准。中国人自古以来就形成了一种习俗、一种生活方式，这种价值理念，它其实比西方文化高明得多，我们干吗要改掉它？

【陶继新】延续了几千年的中国习俗，有的也许已经过时，但是，更多的则依然有着存在的价值。

就说喝茶吧，中国有源远流长的茶道，茶道是从禅宗而来的，同时以禅宗为旨归。其中流淌着中国传统文化之水，就是在这茶里，也有着中国人的价值取向与审美观照。

1998年，我去中国茶禅学会最小会员曦曦家做客，品她亲手泡的香茶，听她侃谈茶禅的要义与妙趣，那简直是一种精神的升华与审美的享受。

在舒缓优美的音乐声中，曦曦沐手净面，来到茶几前面，双膝轻轻跪在地毯之上，次第摆好各色高雅别致的茶具，有序地烧水，煮茶，品茶，宛若一曲低吟浅唱的古典乐曲，悄然走进你的心扉。闻香杯在鼻前转动几下，清香缭绕回旋，余韵沁入心田；而一杯清茶入肚，五脏六腑顿感空前的舒畅。喝过几十年茶的我，第一次感受到茶还有如此的奇妙与美好。

人说日本茶道盛行，誉满全球。曦曦认为，只是一枝红杏出墙来，东临风光添春色。因为日本茶道是从中国传过去的，是中国茶道的一个分支，并有了自己的发展。中国茶道至大至深，融合了儒释道三家的精华，是这

“一枝红杏”的树根和树干。日本茶道更重礼仪，中国茶道作为一种精神与文化的显示，启迪人们心灵深处的真正本性，使其超越一切有形的存在，驶入一种空灵恬静的境界。

茶文化作为介乎物质与精神之间的中介文化，具有一种恒久的特质。人生得意时喝茶，可以抚平已有的傲气，渐生朴实平淡的谦恭；失意的时候喝茶，可以转迷沌为清醒，化自卑为自信，使你从荆棘丛生中辟出一条新路，鼓起勇气去追求另一个目标。

中国人喝茶谈茶，是一种高品位的文化活动。而升华到茶禅的高度，就有了审美的愉悦与心灵的净化。珠光禅师说：“茶道的根本在于清心，这也是禅道的中心。”

“喝茶实际上是一种‘生活禅’。只要我们在日常生活中保持一颗明净清澈的心，不为外界的琐事所困扰，不为内心的烦恼妄念所迷惑，有一种平和无争的心境，这便是‘禅’了。”

看来，禅并不复杂。用这种平和的心去对待我们身边的平常事物，有时竟会发现无处不充满着美好与生机。我们别无他念地听冰雪融化之后小溪流水的声音，那似乎便是“禅”的声音；我们心情愉悦地看河边青翠的杨柳、黄色的小花，那好像就是“禅”的颜色。自然与心境融合在一起时，渐渐会升华成一种难以言喻的美。而三五知己好友，在闲适恬静的氛围里，自然惬意地品茶，舒展自由地谈论，在喧嚣的闹市中，体会那种内心的平静，真正使自己的身心放松，便是茶禅。

还有，我们一些生活习惯与心理爱好，也都打上了中国儒释道文化的烙印。为什么中老年女性喜欢看韩剧，韩剧除了用帅哥靓女和曲折离奇的故事情节吸引人之外，还有一点，即韩剧里深深地包含着一种东西，就是中国的传统文化，特别是儒家的家庭伦理道德。韩剧中的家庭伦理道德和中国人的家庭伦理道德是不谋而合的，所以就会在中国人的心里产生共鸣。这大概也是韩国电视剧能争取中国市场的原因之一。

【王登峰】韩国受儒家文化影响是非常大的，在法律的制定层面也有体现。举例来讲，“窝藏罪”，在我们国家，一个人偷了东西，另一个人帮他窝藏，不管偷东西的人和藏东西的人是什么关系，都是同罪。但在韩国的《刑法》里是有差别的，如果偷东西的人和藏东西的人是父子关系，假设判五年；如果没有血缘关系，就要判十年。根据的是什么？就是《礼记》里讲的，父为子隐，子为父隐。在他们的刑法里就把这个放进来了。（《礼记·檀弓上》：“事亲有隐而无犯，左右就养无方，服勤至死，致丧三年。事君有犯而无隐，左右就养有方，服勤至死，方丧三年。事师无犯无隐，左右就养无方，服勤至死，心丧三年。”）另外，你把一个人打伤了，如果打伤的是陌生人，假设判五年；如果打伤的是亲人，就要判十年。这也有道理，你连自己的亲人都打成这样，打别人不是更残暴？这虽然是很小的例子，但在韩国人的思想观念里，他们对儒家文化的认同，在现实生活中都能有所体现。

反观我们自己，对传统文化中很多非常有价值的东西都当作“糟粕”丢掉了。例如，中国即将步入老龄社会，如何对待老年人，特别是子女如何孝敬父母，会越来越成为一个重要的社会问题。西方强调建立社会保险制度和养老保险制度，中国应当在这方面早做准备，但这绝不是全部。你看甲骨文的孝字，一个长头发的白发苍苍的人，脑袋在这儿，头发往后飘，这是他的身子，下面有一个“子”字，学者的解释说人老了以后要依靠儿子，但是在我看来，其实这个字还有一层意思，就是老子在保护儿子。他虽然头发已经很长了，拄着拐杖了，但儿子还在他的怀里，这就是中国人的孝的观念。中国文化把尊老、敬老、养老作为个人修养的最高境界：“仁者，人也，亲亲为大。义者，宜也，尊贤为大。”（《礼记·中庸》）“仁人之事亲也如事天，事天如事亲，是故孝子成身。”（《礼记·哀公问》）究其原因，是因为中国文化把老年人当作整个社会的宝贵财富，他们从自己的生活经历中得出的人生智慧是后辈应认真对待、认真学习的。《礼记·内则》中特别提到，“五十杖于家，六十杖于乡，七十杖于国，八十杖于朝，九十者，天子欲有问焉，则就其室以珍从”，讲的就是人到了五十岁、六十岁、七十岁、八十岁以后，其人生智慧足以安家、惠乡、利国、平天下。而人过九十，其智慧足以让天子“屈尊”就问。

【陶继新】王司长，您谈到韩国的这个例子，令我想起《论语·子路》中的一段话：“叶公语孔子曰：‘吾党有直躬者，其父攘羊，而子证之。’孔子曰：‘吾党之直者异于是，父为子隐，子为父隐，直在其中矣。’”意思是说，叶公告诉孔子说：“我的家乡有个正直的人，他的父亲偷了人家的羊，他告发了父亲。”孔子说：“我家乡的正直的人和你讲的正直人不一样：父亲为儿子隐瞒，儿子为父亲隐瞒。正直也就在其中了。”因为，“夫父子相隐，虽不得为直，然于天理为顺，于人情为安，迹虽枉而理则直，虽不求为直，而直自在其中矣。若父子相证，则于天理、人情两有所乖，岂得为直哉！”明朝宰相张居正解释说：“此可见道不远于人情……后世论道与论人者，宜以孔子之言为准。”（《论语别裁》，陕西师范大学出版社 2007 年版，第 203 页）看来，法有的时候是要关注到情与理的，所以，有人提出，道德应当是法治的基础，没有道德的法治是一个“冷酷”“权谋”“斗智”“仗势欺人”的“人吃人”的恐怖炼狱，所以中华文化总是以礼义为中心，内儒外法，绝不单讲法治。西方不同于我们，他们的文化是希腊的哲学、希伯来的宗教及罗马法律三位一体的。罗马之所以灭亡，就是“只讲法律必亡”的明证。所以，在法律之上有一种理念叫作“正义”，没有正义，人们是可以推翻它的。这并不是说否定法的价值与意义，关键是，法、德要并行不悖，形成良法才行。

现代企业与文化传承

【王登峰】2010年3月发生在中国的谷歌公司风波，让我们看到了一个过去我们不重视的事实，什么事实呢？美国所有跨国公司都有一个使命，就是向全世界推销美国文化，推销美国的价值观，这是美国人的高明之处，它把自己的价值观用商业化的方式进行传播，不仅仅是美国大片、迪士尼动画片，还有它的产品，在推销它的产品时把价值观也推销给你了。

为什么我们鼓励中国企业家在中国传统节日里做促销，去弘扬中国传统文化呢？实际上这是企业应该做的，而现在很多情况下，我们的企业是在自觉不自觉替美国人推销它的价值观。比如在西方节日里我们大张旗鼓地做促销，大张旗鼓地宣传圣诞节、感恩节、父亲节、母亲节、情人节（当然父亲节、母亲节我们可以借过来，表达我们对父母的感情）……实际上你是在扮演一个美国公司推广美国价值观的角色，因此，从这个意义上讲我们要让企业家读经典，让企业家在企业里倡导中国传统文化的价值理念，其实这是一个中国企业最应该做的事。你要让中国人去认知和感受中国的价值观，同时，当中国企业走向世界时，不是全部按照西方人定好的规矩来做，可以按照他们的规矩做，但在里面一定要渗透中国文化的价值观，当中国制造的产品在全世界销售时，那应该是中国文化的核心价值理念在全世界发挥影响的时候。

在中西方文化交流中，我们要有一种主体意识，还不仅仅是自信心，从不自觉地被别人牵着鼻子走，顶礼膜拜，到现在我们真的应该认认真真思考一下我们的经济活动，我们的社会活动，包括我们的教育，有哪些东西其实本来可以做到弘扬自己文化而没有做的，反而被西方文化侵占了。

【陶继新】企业家应当有一个使命感，那就是思考我这个企业何以发展壮大？如果没有民族的支撑，没有政策的允许，即使有再大的本事，也不可能走向成功。所以，在某种程度上说，企业家应当感谢这个民族，感谢这个民族的人民。如何回报国家与人民呢？不只是在经济上，不只是在钱财上，还应当在心理上，在道义上，在思想上。特别是与外国打交道的时候，要心中明白，我是中国人，我的产品是代表中国的产品，我的产品里有中国文化，有中国造的价值。这样的企业，才有根系，才能得到人民的认可，才能更好地发展。

所以，真正的大企业，都有其属于这个企业的文化。综观中外名优企业，无一不是文化建设的佼佼者。《财富》杂志在分析世界五百强企业胜出其他公司的根本原因时，指出他们强大而持久的竞争优势“就在于这些公司善于给他们的企业文化注入活力”，从而在员工中形成了一种进取有为、勤奋敬业的精神力量。我国著名经济学家于光远先生指出：“三流的企业靠生产，二流的企业靠营销，一流的企业靠文化。”

张瑞敏十分自觉地将中华民族优秀传统文化运用于经营管理。他说：“《老子》帮助我确立企业经营发展的大局观，《孟子》培育我威武不能屈、贫贱不能移、勇于进取、刚健有为的浩然正气，《孙子》帮助我形成具体的管理方法和企业竞争谋略。”他相信“海纳百川，有容乃大”，早年迷恋于中国传统文化，这给他创业很大的精神支持；20 世纪 90 年代之后更多地吸收西方现代文明成果，给他以驰骋世界市场的方略。

【王登峰】当别人不遗余力地推销其价值观时，我们不但没有警惕，反而帮助他们来做，这时我们整个社会文化环境就会发生恶性的变化。只有我们每一个中国人都有文化主体意识时，我们才可以去比较，但做比较要具备一个前提，这两者你要都了解，这样才能有比较，如果只了解你要比较的那一方，对自己的文化不了解，那就不是比较，而是接受。不断接受的结果就是我们自己的文化越来越失位，外来文化越来越占主导地位。

现在我们需要把另一只手举起来，我们自己的文化到底是什么？我们的社会应该鼓励一种什么样的价值理念？现在社会上出现的很多问题其实就是因为我们自己的传统文化影响力在减少，西方文化的影响力在增加所产生的。

【陶继新】全球经济一体化和信息时代的到来，使民族文化与民族精神受到挑战。生活的改善，自然环境的改变，带来的是人们文化生态环境的改变，从而影响一些人的世界观、人生观、价值观和品格素养。具体体现就是人的价值观等正在悄悄地发生着变化。所以说，经济一体化的背后，就是文化政治一体化的变化；西方强势话语的背后，就是西方思想观念的植入。从某种意义上说，我国文化生态被污染比自然环境的污染更具威胁性和危险性。一个民族如果长期处在消极文化、低格调文化甚至垃圾文化之中，其社会精神就会受到伤害，国民素质就会受到腐蚀，最终可能导致民族精神衰亡。固然，民族文化的发展，离不开与世界文化的交流、融合，但民族文化的发展应是继承性和建设性的发展，不应是否定式或破坏式的发展。一个民族如果没有了自己文化的特性，也就不是一个独立完整的民族。所以大力开展继承与发扬民族文化，弘扬培育民族精神的教育，已成为当前整个社会必须面对的一项重大而又紧迫的任务。

【王登峰】三鹿奶粉事件是一个关乎企业道德底线的问题，中国文化里这种失德行为有三种途径来制约：

第一是自律，你自己就觉得不对。读了经典就可以提高你的个人修养，自律就可以做得到。

第二是他律，众口所耻。中国人最怕别人说自己不好，为什么怕别人说自己不好？孟子说了，人生下来就是善的，恻隐之心、羞恶之心、恭敬之心、是非之心都有的，没有这个你就不是人。一旦被别人说自己不好，后果就是“你不是人”，中国人特别害怕别人说自己，所以即使自己还有自私自利之心，但想到别人会这么说，也就不做了。

第三才是法律。有个学者做过一个研究，当美国企业出现合同纠纷时，他们什么话都不说，直接打官司，让法院裁决，裁决完了大家都接受，都服气，什么事儿都没有。但香港企业家出现合同纠纷时，第一选择是调解，调解在中国人看来是最佳途径，因为调解完了大家都能接受，不但问题解决了，双方还没有伤和气。上了法庭之后我赢你输，但我并没有赢，你也没有输，虽然我赢了但我还在想，我得罪了你。你虽然输了，但你觉得我欠你的。所以法庭的解决不是最终的解决，最终的解决还得是两个人坐下来和解。

到了今天我们来看，第一，自律基本没有了，为什么没有？西方人说，人自私是天性，这是受西方文化影响的。第二，他律也基本不起作用，过去我们说中国社会有一种不正常的现象，叫“笑贫不笑娼”，只要你有本事，赚了钱大家都说你是好样的，所以现在大家不是说谁道德高尚，而是说谁挣的钱多，不是说谁为人好，而是谁钱多，这样一来，他律就不起作用了。第三，法律还不健全，不能约束人们生活中的每一个角落。

现在中国传统文化中的自律和他律越来越少，而西方文化中的自私自利，为了自己实现目的不择手段的东西反而越来越有市场，结果是什么？结果就是现在社会上有很多失德行为。还有三鹿奶粉的事情，手机黄色网站的事情。有人说，三鹿奶粉的事件是人们故意在孩子食品里放毒，而手机黄色网站是故意在孩子的精神世界里放毒。这样伤天害理的事情都可以发生，说明中国传统价值观被人们淡忘了，而西方的不择手段，为了实现个人丁点的利益，不惜损害整个世界的价值观在占据主导地位。现在来看，真的需要进一步弘扬中国文化，而且要让每个人提高抵御西方价值理念侵蚀的能力，这样才能让我们的精神再回到正轨上来。

【陶继新】自律之所以差，有种种原因，但疏离经典、远离经典当是一个重要原因。在中国儒家文化中有一个很重要的内容就是道德完善。道德不是审视他人并来监督他人的，而是自我的一种修为，道德完善应该是人类的一种自觉的追求，正如体育比赛一样，我们越具有体育道德，我们就越能提高运动的水平。而这些在经典中有很好的体现，比如慎独，在《中庸》里面有很好的体现。中庸是自我心性修养实践最好的体现。“是故君子戒慎乎其所不睹，恐惧乎其所不闻。莫见乎隐，莫显乎微，故君子慎其独也。”所以，君子要谨慎。谨慎什么呢？“其所不睹”，就是在别人看不到你的所作所为时要注意并戒备。“恐惧乎其所不闻”，在人们听不到你的言论的地方也一定要注意，要有一种自我戒备、恐惧。这个世界由道、理、义在规范制约着，要想人不知，除非己莫为。“莫见乎隐，莫显乎微”，没有什么东西比隐讳的东西更容易被呈现出来被人看见，有些人将自己的缺点与不足藏起来，以为别人看不见，其实是藏不住的，反而因为隐藏而更加显示出来。“莫见乎隐”，没有什么比所隐藏起来的那些东西更能够显现出来，有人认为很多事情很小，见小利去拿小利，那你今后可能见大利去拿大利，最后可能窃国。

《中庸》的一个关键词就是“诚”。“诚”的对立面就是本能之“欲”。如果一个人的私心太多私欲太大，就会处处为了自己去贪婪争斗，就会为达到目的而不择手段。《中庸》告诉人们，人生要依中庸之道办事，不偏不倚，人生不要做加法而要做减法。减去扰乱自己心灵的外在的一切物质的、欲望的、权力名誉的东西，这样才会成为一个诚实规矩内心坦荡自由的人。《中庸》开篇论述了人的自我修养与自我反省的要点，指出有道德的君子要慎重对待自己的独处，让大家所看不到的美好品德充实起来，这就是自律。在《论语》《周易》和《中庸》中都可以找到经典的论述。《周易·系辞上》就特别提到：“君子居其室，出其言善，则千里之外应之，况其迩者乎？居其室，出其言不善，则千里之外违之，况其迩者乎？”“言行，君子之所以动天地也，可不慎乎。”对中国经典文化的淡漠，对西方文化的认同，就会使人丢掉很多有价值的东西。所以，中国文化的坚守非常重要。

我发现，中国文化体制改革之后，中国文化产业蓬勃发展，进展非常快。这相当重要。我们通过文化产业，不但会有经济利益的收获，还有我们价值观上走向世界的收获。西方通过各种载体把他们的价值观传到中国来，我们中国照样可以通过某些载体也把自己的价值观传播到外国，而中国经典文化，无疑是一个很好的载体。

全球一体与文化多元

文化自信与国际接轨

【王登峰】文化产业要大发展，这里面有一个问题。讲到文化创意产业，我发现现在有一种倾向，很多从事文化创意产业的人不太会用中文字眼了，总是要用一点英文，比如一个电视栏目，这个栏目的名字叫“饭没了秀”，是一个小孩子看的节目，我当时看到名字以后想一定是关于忆苦思甜的吧，饭没了以后怎么办？但最后人家告诉我那就是“Family Show”——“家庭节目秀”，这个节目很多人看，其实它就是西方家庭节目的名称，那你为什么要用英文呢？为什么要把它音译过来？

好像讲到创意时有人说要用外文，这是我们创意的需要，你不要管我，但实际上这反映了一种心态，我们在弘扬自己文化时就老老实实从中国文化入手，所以我最想对电视媒体说的一句话是“好好说话”，好好说中国话。我们文化的创意绝对不能建立在使用外文之上，如果我们用中文都没法儿发挥创意了，那只能说明你对自己的文化、自己的文字所知甚少。这样的人，我们怎么指望他去弘扬中国文化？

2010 年 8 月，我在“中华诵”夏令营的闭营仪式上讲了一个故事，小英雄雨来的故事，那是一个连环画，我很小的时候看的《雨来上夜校》，老师教给他的第一句话是“我们是中国人，我们爱自己的祖国”。日本鬼子打他，让他供出交通员的下落，他就是不说，敌人打了他一耳光，他的鼻血流出来滴到课本的几行字上，那几行字就是“我们是中国人，我们爱自己的祖国”。一个小孩子面对敌人的威胁时内心坚定有力量，那是祖国给他的力量。我们每一个中国人也要用自己的文化给自己力量，而不要把这种东西建立在别人的价值理念上。我们现在整个社会如何树立这样一种文化主体意识，如何树立对中国人、对中国文化、对国家的认同感，现在是最迫切的，而且只有有了强大的国家，只有对自己的文化有了坚定的信心，一个人才能够有力量，才能做他应该做的事情。我们文化事业的大发展、大繁荣，用中央的话来讲就是要构建中华民族的共有精神家园，这个家园不应该建立在英文基础上，它一定要建立在我们自己民族文化的基础上，一定要建立在我们自己语言文字的基础上。我们现在随手翻开一本书、一本杂志、一份报纸，想找一个完全没有外文的内容，已经找不到了，很多人觉得能拽几句洋文是一种素质的表现，另外觉得用了外文就表示跟国际接轨了，这其实是很荒唐的。

最近有个城市出台了一个语言文字规划纲要，为建设国际化大都市营造语言环境，提出从幼儿园就开始学英语，而且公务员要达到直接对话的水平，出租车司机都得会五百句英语，会英语是成为国际化大都市的条件，还说这是这个城市的创举。所谓创举就是前无古人，也就是说，现在世界上任何一个国家、任何一个城市在建设世界城市时都没有把会外语作为一个必要条件，而这个城市把它作为必要条件。

我觉得这也反映了一种心态，我们到底怎么跟国际接轨，在面对外来文化时我们到底应该以一种什么样的心态去面对外面的世界，是不是每一个外国人到了中国说着他自己的话，都能够在中国畅行无阻，这样的中国城市才是一个国际化的城市？

我到德国去，有一次上卫生间，到了门口不知道该怎么进，上面写的字我不认识，是德文，德文的男和女跟英文没有关系，跟中文当然也没关系了，所以没法儿猜，我就只好在门口等着，等有人进出才知道应该进哪个门。你说柏林不是国际化大都市吗？但我们看北京、上海、广州等，甚至政府办公楼的卫生间都没有汉字，但有 Man 和 Woman，有次我开玩笑，这卫生间是给谁用的？是给会英语的人用的？当然，上面画着两个小人，男人和女人，能一眼看出来。有人说，你是中国人，能看出那是男人还是女人就能进去了，那会英语的人是不是连男人和女人都分不出来呢？非得告诉他这是男卫生间，那是女卫生间？

这就是一种心态，当我们面对世界时我们用一种什么样的心态跟这个世界交流？并不是会了外语就是国际化，不会外语就不是国际化，我并不是反对大家学外语，学外语是大家认识和了解世界非常重要的途径，但它毕竟是一个工具，把它用到无所不在时，实际上打压的是自己的民族文化，这样的人没有人瞧得起。

【陶继新】如果将国际化简单地理解为国人的英语化，则是对国际化的一种误解，甚至是一种有辱国格的解说。这并不是说我们一味地反对学习英语，英语在国际交往中确实起着很大的作用。可是，关键是在什么地方，说哪个国家的语言；在哪个城市，倡导说哪个国家的语言。这是大有学问的。

2006年7月5日《中国青年报》刊登了一篇题为“汉语将沦为科学看客？”的文章，其中有这样一段文字：

> “您能不能用汉语简单地讲一下演讲的内容？”
>
> 6月21日下午，数学家曹怀东在北京友谊宾馆刚刚结束了有关庞加莱猜想的英语演讲，申爱华提出的第一个问题便惹来听众一阵笑声和掌声。
>
> 曹怀东、朱熹平最近刚刚因为完成庞加莱猜想的证明而成为公众人物。那天是2006年国际弦理论大会安排的专场报告会，在霍

金回答听众提问之后曹怀东、朱熹平出场。

申爱华是中科院研究生院管理学院的博士生，与会场里的许多听众一样，他主要是来“追星”的。由于报告均使用英文，且没有汉语翻译，他说：“估计除了搞微分几何的一小部分人，大多数听众跟我一样也没听懂多少。”

“也许因为我的提问，接下来朱熹平的演讲改用了汉语，虽然准备的讲稿还是英语的，但至少这样我能听懂一些。”申爱华说。

那可能是这次国际弦理论大会上唯一的一次半中文演讲。对此，有文章评论道：我们当然不能做狭隘的民族主义者，而且中国在向国际化迈进，需要更多无障碍的对话。但至少在本土，在同胞之间，对汉语应有更多的自尊与自爱。

……

同年，在北京召开的“全球华人生物学家大会”也几乎一律使用英文。有经验者在网上透露，在这种国际学术大会上如果你用汉语，会感到很难堪，因为那代表你水平不够。恼人的是，这些会议名称往往还一律冠以“华人”二字。

一个使用中国纳税人的钱财并在中国召开的会议，却要一律用英语进行交流，甚至，中国听众连翻译服务都无法享有，岂非咄咄怪事？

数学家朱熹平改用汉语演讲后，引起现场一片掌声。为什么？中国人当然是听汉语舒服，在中国土地上面向中国听众演讲，能讲汉语为什么不讲汉语呢？不错，会场中还有部分国外学者，但完全可以向他们提供翻译讲稿和翻译服务嘛！

试问，当中国最好的科研人员都放弃在专业上使用汉语发言，在科学话语权越来越重要的当代和未来社会，将对中国文化和汉语的前途产生怎样的影响？

王司长说那个城市出台相关规定，要求从幼儿园的小朋友到公务员如何说英语。更加可笑的是，一些大学的中文系甚至也被要求用英语上课。据《科学时报》报道，目前国内大学的中文专业也被倡导双语教学。我们很难想象，怎么用外语来上古代历史、古代文学和古代汉语？中国人民大学文学院院长杨慧林说，当人们把双语教学理解为就是全部用英语授课，后果将不堪设想。让中国老师用并不标准的英语向中国学生讲授所有的课程，将是一场灾难。

在进行经典教育的过程中，难道也要用英语翻译中国的古代经典吗？我想，即使是英语高手，翻译出来也一定难尽经典之义，甚至有可能不伦不类。经典文化中蕴含着丰富的思想内涵，休说翻译成英语，有的就是翻译成白话文，都会失去其生命意义与审美况味。从这个意义上说，提倡中华经典诵写讲，也是对中国文化的一种热爱，也是让中国文化更具生命力的一种行为。

【王登峰】中国古人讲了，人尊自尊者，天助自助者。你连自己都不尊重，谁会看得起你？一个客人到你家里，你把家里所有的环境都改成他喜好的方式，这个客人会高兴吗？他可能会高兴，觉得我的影响力挺大，我到你家来你家整个编排都和我期望的一样，但离开你家时他瞧不起你，他觉得你在面对他时是很谦卑的，是自降身段。

中国作为一个泱泱大国，和全世界交往时，我们对外国人都要自降身段吗？我们还是应该有我们自己的自信心，对文化的自信，对我们生活方式的自信。

【陶继新】中国古代文人讲求风骨，甚至一个乞丐也“不食嗟来之食”，士大夫不能“为五斗米折腰”，孔子则说：“三军可夺帅也，匹夫不可夺志也。”（《论语·子罕》）中国传统文化中的这种自尊自强精神，直到今天，仍然具有现实意义。我们不能臣服于西方文化的脚下，我们完全可以昂首挺胸走自己的路。一个在世界上占五分之一人口的大国，怎么就不能更好地说自己国家的话呢？

以我为主与兼收并蓄

【陶继新】在某种意义上说，经典文化是可以让生命有根的。如果根扎不深，就可能在西方文化侵入的时候，不分良莠都“拿来”，甚至顶礼膜拜。而当我们有了经典文化之根后，我们就可以在继承与发挥中国经典文化的时候，放开胸襟，大胆地将西方文化的精华吸收过来，并让它融入中国文化之中，成为我们文化发展的有机部分。

【王登峰】就像佛教传入中国，我们虽是拿来，却把它有机结合到我们文化中了。

【陶继新】它终于还消融在中国文化中了，成了中华文化的一部分。中国与外国的价值观当然不会一样，如待人接物等；但是，它都有其存在的内在依据。我们延续自己的价值观，自有我们的道理，这种延续本身就是一种文化的延续。

【王登峰】在某种意义上来讲这是最重要的。2009 年我在报上看到了一个非洲国家的驻华教育参赞写的一篇文章。他说，我在中国工作二十多年，亲身经历了中国经济社会奇迹性的发展，在这一点上，我们应该好好向中国学习。

但他说，就我的看法，中国至少在一个方面应该向我们学习。向他们学什么呢？他说，在我们国家，尽管经济落后，西方文化也接受得非常多，我们上班时也是西装革履，但有一条，当到我们自己的民族节日时，我们一定要穿回自己的民族服装，这时我们才感觉到我们跟传统是融合在一起的。他说，中国在这一点上倒应该向他们学习。

看了这篇文章我很有感触，比如节日的民族服装问题。现在我们问一个问题，中国的民族服装是什么？汉服还是唐装？还是宋朝服装、明朝服装或是清朝服装？如果大家说不上来，说明一个什么问题？说明我们对自己的传统太不重视了。可以说着装是一个象征，你能不能在自己的传统节日时去回顾、去仔细思考一下这个节日是什么，它对我们意味着什么。这实际就是跟自己的民族、自己的文化亲近的机会。

我们看全世界，有很多值得我们学习的东西，但学的目的是什么？学的目的不是模仿别人，学的目的是解决我们当下的问题。马克思主义传入中国，毛泽东的伟大之处在于，他觉得马克思主义能解决中国的问题，要解决中国的问题就得脚踏实地，根据中国的实际去把马克思主义中国化了。为什么要把马克思主义中国化？就算马克思主义再好，如果把它放在书斋里，它也只是一种学说，我们要解决实际问题，就要根据实际需要来做调整，如果不做实际调整，只是按照教条来，那就永远解决不了问题。这是我们付出过血的代价的，共产党早期经受失败就是因为教条主义，而毛泽东的伟大就在于他把马克思主义和中国实际结合起来了。

马克思主义到中国要起作用还得中国化，现在西方哪个理论可以跟马克思主义比？如果比不上，它就更应该跟中国实际相结合，这样才能解决中国的问题，如果你真的想解决中国的问题，世界上任何理论、任何学说我们都要去借鉴，借鉴的标准是它能不能解决我们的问题，只要能解决我们的问题，什么理论都可以接受，这就是小平同志提到的，不管白猫黑猫，会抓老鼠就是好猫。老鼠是什么？就是我们目前正在做的事情。能够帮助我们解决目前正面临的问题，那就是好理论。中国传统文化能解决的那就用中国传统文化，西方某些东西能够帮助我们解决，那我们也接纳过来。吸收、借鉴外来的东西应该有一个目的指向性，而现在我们很多人是以能够讲西方的理论为荣，至于这个理论能不能解决现实问题，他并不考虑。

而且我们可以看到，那些真正要去面对、解决实际问题的人永远都不会迷信任何外来的东西，你的东西好，它得对我有用，如果没有用，你说得再好我都不会听。其实我们现在需要的就是这样的心态，首先我们要面对我们的问题，我们的问题是如何实现经济发展、社会进步、人民幸福。为了实现这些目标，我们要兢兢业业地去努力，在这个过程里世界各方面的经验我们都要借鉴，当然也要弘扬自己的文化。这是一种自信心，只有脚踏实地你才能区分哪个是对的、哪个是不对的，这样才能解决一个如何取舍的问题。

其实我们的经典教给了我们很多东西。与时俱进的含义就是，这些东西在现实生活中哪些已经过时了，要不断发现、舍弃。在与时俱进解决问题的过程里，外来哪些东西能帮助我们，我们要把它吸纳进来，这样我们的理论才能常青，我们的文化才能有生命力。如果只是抱住古代经典不放，或者只是把外来文化奉为经典，这两种途径最终都会走向失败。

【陶继新】对于外来文化，如果确实有用，为什么不吸收？对于外国一些教育家的理论，我们也应当好好学习。比如我采访的河南省濮阳市油田第一小学校长马新功，就系统学习了苏霍姆林斯基的教育理论。苏霍姆林斯基是广大中小学教师最为熟悉和敬佩的教育实践家和教育理论家，他被认为是“教育思想界的泰斗”，他的教育思想被认为是“不仅旨在解决今天的学校任务，而且旨在发展明天的教育学”，是“活的教育学”。他所提出的培养全面和谐发展的人的先进教育思想，以及他以帕夫雷什中学为基地的长达三十多年的卓有成效的教育实验，对当前我国基础教育无论是全面深入实施素质教育、进行课程改革、促进教师快速专业化成长，还是建设高品位学校文化，都具有重要的启发和借鉴意义。所以，这所学校就与帕夫雷什中学建立了友好学校关系，马新功校长与苏霍姆林斯基的女儿卡娅院士也多有接触，他还多次参加了一些这方面的国际学术会议。于是，他们提出了“培养和谐发展的学生，造就和谐发展的教师，建设和谐发展的学校”的核心目标，开始了创建苏霍姆林斯基实验学校实施和谐教育的实践研究。马新功校长非常聪明，他在学习苏霍姆林斯教育理论的时候，同时也关注了孔子的教育思想，因为和谐源于儒家先师的“和”。为什么说“和为贵”？因为没有和，万事万物都会出现问题，更何况教育呢？“和”还有恰到好处之义，过犹不及。学习知识好吧？当然好。可是，一味地学习知识，而不提升人格，不健心健身，就会出现问题。他们认真学习儒家文化的经典思想，结合苏霍姆林斯基的和谐理论，根据学校的实际情况，进行和谐教育的研究，所以，才取得了丰硕的成果。

和谐发展与中国智慧

【王登峰】在中国的经典里，中国人的思维方式和外国人有很大的不同，首先是阴阳两极，其次是整体思维，用现在的话讲就是：用发展的眼光看待眼前的问题，用全局的眼光看待局部的问题。这就是古人说的“不谋全局者，不足谋一域”。中国人看问题不光从眼前和局部来看，他一定是从整体来看，这就可以引为中国人的人生智慧。

其实中西方文化差别很大，撒切尔夫人下台以后讲了一句话，不要害怕中国，因为中国没有可以改变这个世界的价值观。在她的眼里看来，西方价值观一直在征服世界，而中国缺乏这样的东西。如果她真说过这样的话，只能说明她不了解中国。中国有没有可以改变世界的价值观呢？绝对有，就是中国人的中和之境，中国人在实现自己的目标时，一定要让自己实现这个目标的过程里遇到的所有人都能够接受，然后再去实现自己的目标。西方人的价值目标是什么？当我想实现这个目标时，只要我实力够了，根本不管别人怎么想。

三国时期诸葛亮七擒孟获，为什么每次抓住他后都放了他？现在看来，诸葛亮是大智慧，第七次把他打败以后，孟获心服口服，然后诸葛亮就可以班师回朝，这个地方永远是安宁的。孟获来了，你把他杀掉，但“李获”又来了，你还得把他杀掉，反复打来打去，后果是双输，而诸葛亮的七擒孟获，其实就是双赢。这是中国人的思维方式。

【陶继新】和谐是中国儒家文化的核心价值观。《中庸》有言：“中也者，天下之大本也，和也者，天下之达道也，致中和，天地位焉，万物育焉。”可见和是天下最通达的道路，是天下最能够团结大家共同和谐前行和通达之路。“和”是天下的普遍规律，只有做到“中和”，才能使天地安处其位、万物生生不息。

哲人言，和谐即美，和谐也是美的至高境界。今天我们说构建和谐社会，就是要抵达一种美好、好乐的境界。实际上，不但社会需要和谐，天地万物都需要和谐。不管在哪个方面，只要不和谐，肯定就会出问题。所以，孔子的弟子有若说：“礼之用，和为贵。”（《论语·学而》）这里的“和”，不是和稀泥，而是恰到好处，也就是平衡，也就是中庸，即和谐。所以，孔子说：“恭而无礼则劳，慎而无礼则葸，勇而无礼则乱，直而无礼则绞。”（《论语·泰伯》）你看恭敬好吗？谨慎好吗？勇敢好吗？直率好吗？都好。但是，“过犹不及”。打破平衡原则，因为不和谐了，就有了疲劳、畏缩、悖乱和刻薄。

《中庸》有言：“仲尼曰：‘君子中庸，小人反中庸。君子之中庸也，君子而时中。小人之中庸也，小人而无忌惮也。’”君子做事情时采纳的方法、遵循的规律即中庸之道是不偏不倚的，不增不减的，不偏不倚就是坚持走正道。人生的道路有很多条，而人性的弱点决定了其最喜欢走的是捷径，但是捷径面临很多歧途，可能是断路、绝路、死路、末路。断路没有希望，绝路铤而走险，死路执迷不悟，末路无可挽回，所有捷径的投机取巧，都是不归路！这也是天地运行的规则。“小人之中庸也，小人而无忌惮也。”规律是存在的，而小人不按照这个规律办事，他肆无忌惮，怎么想就怎么做，去逞能冒险，无知者无畏。所以为人行事应依中庸之规守中庸之道。

《论语·先进》中曾记载了子贡与孔子的一段问话。子贡问：“师与商也孰贤？”意思是说，子张和子夏谁更强呢？孔子说：“师也过，商也不及。”既然如此，子贡认为，当然就是子张强一些了。可是孔子说：“过犹不及。”万事万物，特别是个体身体与生命，恰恰需要处于这种无过无不及的状态，才能健康与平安。这种无过无不及，也就是孔子说的中庸。有人也许会说，中庸并不好，因为中庸是你好我好他也好的非原则之“和”。其实，可千万不要这样想，中庸是高尚原则之下的一种内在的和谐。

和谐至高境界还有道德的诉求，甚至是道德的最高境界。孔子说：“中庸之为德也，其至矣乎！”（《论语·雍也》）孔子将中庸作为一种道德，认为是最高的了。《论语·公冶长》中就记载了孔子与颜回、子路的一段对话。他让两位弟子谈谈各自的志向。我们先看看子路的回答：“愿车马衣轻裘与朋友共，敝之而无憾。”意思是说，愿意把我的车马、高贵的皮衣同朋友们一起享用，即使用坏了，一点儿也不遗憾。颜回回答说：“愿无伐善，无施劳。”意思是说，我不愿意夸耀自己的长处，不愿意表彰自己的功劳。这应当是不错的了。可是，我们看看孔子的境界，就感觉远远高于他的两个弟子了——“老者安之，朋友信之，少者怀之”。这正是他心目中的理想社会，是一个老者安适、朋友信任、年轻人受到关怀的和谐社会。

孔子的弟子子夏说的“四海之内皆兄弟也”，也是一种社会和谐的写照。这给我们很大的启示，我们要海纳百川，把天下的朋友都当作我们的好兄弟，这样，就有了一个更大范围的和谐。所以，2008 年奥运会的迎宾用语中就有了这一句。

您谈到诸葛亮的七擒孟获，为什么七擒而又七放呢？其实，这正是儒家“和为贵”思想的具体体现。孔子说：“远人不服，则修文德以来之。既来之，则安之。”（《论语·季氏》）意思是说，远方的人不归服，便倡导文教和德政使其归附；既然把他们吸引来了，就使他们安心。诸葛亮可谓仁德之至，也可谓聪明之至。正是因为孟获心服口服，安心听命，南方自然也就安定了。于是，诸葛亮“北伐”也就后顾无忧了。

【王登峰】我们再看美国人的思维方式，打朝鲜、越南，包括海湾战争和出兵阿富汗，他们根本不考虑别人的感受，因为美国的力量强。最典型是打伊拉克，美国大兵只花了五百多个士兵生命的代价就把一个主权国家推翻了，看上去美国胜了，但它到现在都没有赢，现在来看它是输的，为什么呢？到今天为止，美国大兵已经死掉了五千多人，整个伊拉克还是一团糟，还要打多久、还要死多少人，没有人知道。自20世纪50年代以来，美国打的这么多场战争，没有一场打胜的，虽然它的军事力量很强，但最终都是失败的，越南战争把它的总统都赶下台了，朝鲜战争美国从来不承认它败了，但它确实败了，伊拉克战争失败了，阿富汗战争同样失败了。为什么呢？因为美国人没有中国人的思维方式，即和谐，要达到我的目的，还要让别人都能接受。

【陶继新】刚才您说美国，在某种意义上美国现在是想打谁就打谁，但它没有考虑一点，当它打了别人以后，别人还会不会打它？它更没有想，即使人家打不过它，人家的心里也会对它发生抵触，而且这种心理抵触某种意义上比直接打它更严重。

可是，中国儒家文化则主张："己所不欲，勿施于人。"（《论语·颜渊》）意思是说，自己不愿意要的，不要强加于别人。诚如是，就可以做到"在邦无怨，在家无怨"（《论语·颜渊》）。即在诸侯的朝廷上没人怨恨（自己）；在卿大夫的封地里也没人怨恨（自己）。再让我们看老子的《道德经·五十四章》中怎么说的："善建者不拔，善抱者不脱，子孙以祭祀不辍。修之于身，其德乃真；修之于家，其德乃余；修之于乡，其德乃长；修之于国，其德乃丰；修之于天下，其德乃普。故以身观身，以家观家，以乡观乡，以国观国，以天下观天下。"怎样成为一个君子，怎样成为一个好的统治者、好的领导人呢？首先要做好个人的修养，如果个人心性修养得不好，就不能担当统治和管理人民的责任；如果依靠暴力、阴谋得到了或继承了统治者的位置，因其不能以人民为重，不能与人为善，结果也是做不好的。我们再看看美国，肯定地说，它不希望任何国家侵犯到自己的领土之上，而它却毫无顾忌地打到别的国家去。当然，也就会"在邦怨，在家怨"了。不是吗？就是它所帮助"解放"了的国家的人民，也并不感恩戴德，而是强烈呼吁美军撤出本土。而美国国内呢，也是怨声载道，抗议之声此起彼伏。遗憾的是，他们的政府要员，并不知道中国传统文化和谐之重要，而是一如既往地“己所不欲，强加于人”。当然，就会受到世界上越来越多的国家与人民的反对了。

【王登峰】美国人多次在南海搞军事演习，其实，现在的局面和当年发动朝鲜战争的局面能同日而语吗？尽管美国现在的军事力量可能比解放军强，比中国强，但六十年前美国的军事力量是不是比中国强呢？结果不还是败了吗？现在还来挑衅，稍微有点中国智慧的人绝对不会这么做的，所以美国人是在玩火，这也不怪他们，因为他们没有读我们的经典。

美国人从总统到它的国会议员如果好好读一读中国经典，美国将会成为一个受全世界尊重的国家；他们不了解中国文化的特点，就是一个全世界都憎恨的国家，有哪个国家不憎恨它？日本跟它关系那么好，冲绳的市民为什么要反复把它的军事基地赶走？韩国也是靠着美国的保护，韩国的市民为什么要反对美国？这是很典型的。因为日本、韩国，包括中国，是儒家文化圈，我们强调的是“己所不欲，勿施于人”。西方人是“我有大棒子”，这个大棒子有时候有效，或者短期内有效，长远来讲它是无效的。中国人五千多年以来一直在琢磨这个问题，我们都已经想得很清楚了，靠大棒子是不行的，但没有大棒子也不行，诸葛亮七擒孟获是因为实力，但擒拿他以后不杀掉他，让他继续生存，活得有尊严，而社会也能和谐，这就是中国文化的中和制，这是一种大智慧。

撒切尔夫人如果真说过中国没有改变世界的价值观，她真的是没有看到，美国人到现在还在犯我们儿童期犯的错误，也只能说明他们不读经典。而中国人五千年来的文化传承让我们看到的就是胡锦涛总书记去年在联大会议上的讲话，他提了五点建议，其中有一条：中华民族越强大，对这个世界的贡献就越大。在中国历史上我们看到的是，中华民族越强大就越宽容。

我在农村长大，我父亲经常对我讲一句话，我当时听不太懂。那时农村家里娶媳妇，婆媳关系一般都比较紧张，有时候说媳妇在家里偷着吃东西，因为那时物资匮乏嘛。我爸就告诉我，媳妇偷吃东西是因为东西少，如果这个家里吃的东西随时都有，你说她还会偷吃吗？这是中国人的一种观念，当你去责备一个人做错了的时候，首先得想想有没有别的原因让他做这件错事。这就是孟子所讲的，“爱人不亲，反其仁”。你爱的人对你不怎么好，你要回过头来想你是不是够仁慈？你管理一个人没有管理好，你要回头想想是不是你不够理智，不够智慧？还有一点，“礼人不答，反其敬”，你对人礼貌，但人家不理你，你要想想你对人家的礼貌是不是发自内心的。什么事情做得不好，你要回头想想是不是自己做错了，这就是中国人的境界，不是把什么责任都推给别人，而是首先从自身的角度来考虑。

但中国文化也不是一切都为了让别人高兴，一切为了让别人说自己好，前提是我们要实现自己的目标，中华民族要复兴，中国要崛起，谁都挡不住。但我们在崛起、复兴的过程里会考虑大家的感受，会让大家觉得好一点，从我们内部来讲就是“和谐”，和谐不就是让大家虽然有差别但也能够接受吗？

我们在国内建设和谐社会，在国际上倡导和谐世界，其实就是我们反复讲的什么问题都要通过政治谈判和沟通交流来解决，不要用武力，因为用武力是最蠢的，也是没有办法的办法，炫耀武力的后果绝对不会像他们所想象的那样可以把谁吓回去。要知道，如果谁被吓回去，那只能说明那个人还不成熟。中国人很清楚，有时候要委曲求全，不是我这个人比你地位低就只能委曲，我求的是眼前的全，但将来还要实现目标。美国人看不到这一点。所以我们倡导读经典可能还有一个全球化的任务，为了让世界更美好。

【陶继新】中国人的“委曲求全”并非意味着可以随意被欺负，而是一种高级智慧。因为中国人不是不敢动武，也不是不能打胜仗，而是考虑到战争带来的严重后果，尤其是给人民包括周边国家带来的危害。所以，中国人不但是有气量的，而且也是有胸怀与品格的。当然，如果有的国家欺人太甚，我们忍无可忍的时候，也会亮剑，而且一定会取得胜利。

PART 02

育有根之人

读经典对每一个人来讲，既是一种责任，同时又是提高个人修养非常重要的途径，在这个过程里它确实教给了我们人生的智慧。

亲近母语，能说会写

写作能力水涨船高

【王登峰】从读经典的效果来讲，现在我们从小孩子就开始读，可能会更好。实际上，一件事情要做好，除了它的社会意义、社会价值以外，还应该对每一个人有好处、有帮助，这件事情才能更好地开展下去。从文化传承来讲，每个人都能亲近经典，这本身是非常必要的，关键是亲近经典以后对个人能有什么样的影响。

我曾到过很多学校，他们在经典诵读方面确实做了非常多的工作，我也问了他们的老师，你们的孩子从小学一年级开始就读经典，读到五年级、六年级，小学读完之后对孩子们有什么帮助。有一位校长对我讲了两条：第一，通过读经典，孩子们的作文水平有了提高。升入初中后，初中老师都觉得这些孩子作文很好。第二，他们觉得这些孩子更有礼貌了，小孩子从小就开始读经典，能让他整个的言谈举止都会有非常大的改变。

【陶继新】王司长说得很有道理，只要认真诵读经典的学生，作文能力自然也会"水涨船高"。比如山东省北镇中学有一个语文教师叫史建筑，曾获全国中学语文课堂教学大赛第一名。他不但自己诵读经典，还带领学生诵读经典。结果，他的学生写起作文来，大都得心应手，下笔成文。史老师讲授《廉颇蔺相如列传》一课时，他请学生用对联概述一下两位“传主”。他班有个叫李晓凡的同学——一位钟情于国学、京剧、书法、建筑的学生，大笔一挥，当堂完成一副长联，典故精当，才思横溢，让他激动不已。在此，不妨分享一下：

（上联）赵国都里，邯郸城下，三十年苍茫一片，青灯黄卷，落日墟烟，料君应嗟叹，时无英雄，竖子成名也。一朝提携玉龙，为君王死。西去滚滚车尘。秦王梦里，必见东来紫气，卞和抱璧。想易水百年下，严霜冷匕，不若君舌。咸阳殿中，立眉捧璧，有惧者、忧者、惊者、叹者。先生忠、勇、义、智，山高水长。肃慎邦主人，便取圣人衣到此。

（下联）晋国故都，黄河西畔，五百里人心两面，风声鹤唳，水拍沙岸，看人须耸颤，汝有胆识，秦王击缶矣。此刻持将怒目，替国家争。南方衮衮群僚。廉颇将军，气闻右座上卿，管仲英明。在明月千载后，史家热笔，怎比他肠。丞相府前，将相称和。应赞哉？喜哉？爱哉？善哉？夫子宽、仁、厚、德，云淡风轻。昆仑西王母，应送不死药前来。

（横批）一奋其气威信敌国，退而让颇名重泰山。

这位学生写得不但富有文采，还写出了廉、蔺的精神，其间小作者的思想感情也都跃然纸上。我读《史记·廉颇蔺相如列传》，常为二人之“勇”动容。蔺在秦廷之上，以死相逼，才有了完璧归赵的千古美谈，这是大勇！廉勇战疆场，老当益壮，也是大勇！可是，蔺为国而让廉则是超越秦廷之上的另一种“勇”，这种“勇”在忍辱负重上。廉能够负荆请罪，也是大勇。这么一位风云大将，如果不是大勇，如果不是为了国家大计，也不会如此而为。如果说前面的行为称之为“勇”的话，后面就更可以称得上“勇”，而且是心灵之“勇”，是舍己为国之“勇”，是具有超越价值之“勇”。

2005年9月，我去山东省潍坊市潍城区青年路小学采访了倡行“课内海量阅读”的韩兴娥老师。她大胆改革，只用两周的时间就教完一本现行教材，其余时间，几乎全是带领学生学习经典。2005年我去采访的时候，韩兴娥还在潍坊市潍城区青年路小学教学，在采访她的学生的时候，谈起学习来，他们个个眉飞色舞，侃侃而谈。赵丹同学就对我说，在四年级的时候，他们就已学完了六年级的课本。语文、数学成绩全班都得了优秀；还考了六年级的卷子，平均分不比六年级的考生低多少。现在，他们已经学完了《中华上下五千年》，并且还打算把《论语》等书也学完。

陈晨同学在日记中写道：“茶余饭后，手握一本书，其味也香；枕边床头放上几本，古今多少事，上下五千年，尽在方寸之间。浩瀚书海，自己不过是沧海舟子。鲁迅、巴金、曹禺、曹雪芹、罗贯中……一个个灿若星辰的名字，照亮前行的路程。”

更有趣的是，有的同学还将所读过的与所了解的书目连缀成文，令老师与家长为之拍案称奇。比如魏榕同学“书名联串”——《大卫·科波菲尔》诞生在《呼啸山庄》，《母亲》的去世使他成了《雾都孤儿》，他在《童年》《在人间》《我的大学》经历了《罪与罚》，付出了《孤星血泪》，逐渐对这个《悲惨世界》产生了《傲慢与偏见》。后来，《堂吉诃德》成了他的《漂亮朋友》，他经历了《战争与和平》《红与黑》《阴谋与爱情》以后《复活》了。懂得了《热爱生命》，明白了《钢铁是怎样炼成的》，不懈地《追求》，使他终于成为《英雄恺撒》式的人物，并由此赢得了《上尉的女儿》的爱情，在《神奇的花园》，他接过《珍妮姑娘》送来的《麦琪的礼物》，满怀《理智与情感》，参加了《青年近卫军》，开始了新的《一生》。

学生阅读量虽然非常大，但由于每读每新，每读都有兴趣，越读知识越丰富，所以，不是读得多了就增加了心理负担，而是读得少了，做那些味同嚼蜡的作业成了负担。更为重要的是，小学生由此养成了读书的习惯，有了经典文化的储备，所以，写起文章来轻松自如而又富于文采。

其实，有了一定的文化积淀，写作就有了话语基础，就不再成为困难之事。现在很多学生，包括一些教师，之所以写起文章来捉襟见肘，关键是读书不多，特别是读经典不多。教学，特别是语文教学，如果拘泥于教材文本，肯定教不出有水平的学生来。只有在学好课文的同时，又“海选”一些经典进行诵读，才能真正提升语文教学水平。

言语表达出口成章

【王登峰】其实还有一点，读经典除了可以提高你的作文水平以外，讲话的水平也在提高，我们现在看到很多人，在演讲中能够引经据典，如果用得贴切，大家都会对其刮目相看。温家宝同志在几次记者会上面对中外媒体，引用经典中的名言警句，不仅仅是跟他讲的主题非常贴切，更重要的是反映了他的人文修养，不但让国人感到非常亲切，觉得他是一位智慧的老者，同时也让全世界感受到了中国文化的魅力。

所以我说，读经典对每一个人来讲既是一种责任，同时又是提高个人修养非常重要的途径。像陶老师讲的，读经典对个人成长和发展的潜移默化的作用是非常重要的，这方面的例子，从学生读经典的角度来讲可能陶老师有更多。

【陶继新】说到“说”经典，不能不说说河北省唐山市丰润区岔河镇中学，这所学校的校长叫张斌利。2010 年 6 月 21 日上午，在北京大学附属实验学校一楼会议室举办的“中华经典诵写讲”活动上，您曾经听过这个校长的发言。

张斌利每读到一本好书总是有一种冲动——说给老师们听一听！一本厚厚的书读下来耗时有的三两天、有的六七天，但是说给老师们的时候最多也没有用上一个小时，说的内容不是提纲挈领，而是这本书对自己人生的启示，更多的是这本书对教育的启发——虽然说的观点是自己的主观认识，但是他与老师们之间在教育上的思考存在着共性。

利用教师会为老师们说书，有时有的教师听得不解渴，会后就追问书是从哪里买来的，然后老师们争相购买。最初说书的初衷是觉得书很好，老师们没有时间读，张斌利校长就以快餐化的方式送给老师们。没有想到却在无意中点燃了老师们的读书热情。

与其校长一人说，为什么不都来说一说？全校四十多个老师，一人读一本，然后利用一定的时间来说书，说书最多不要超过一个小时，相当于在四十几个小时内老师们读了四十几本书。这信息量多大啊！说书的内容就是对自己人生与教育的启示。

可能是张斌利校长在这项活动中前期的铺垫比较到位，这个活动一下子在学校火爆起来。这个活动是在“世界读书日”的两周前发起的。在“世界读书日”那一天，学生自己组织在教室里读自己喜欢的书。老师们相聚在多媒体教室说书，在前一天随机抽取八名教师，这八名教师制作了课件登台为全体教师说书。当时还有山西、吉林以及当地其他九所学校参与了这项活动，活动的效果出人意料。山西一所学校当即表示在假期邀请部分教师到他们学校交流。

这更增强了老师们说书的热情，越来越多的教师走上了说书的讲台，正所谓“桃李不言，下自成蹊”，岔河镇中学说书的消息不胫而走，于是，不少学校纷纷邀请他们的教师前去说书。那年暑假期间，学校竟然有大约三分之一的老师被外面邀请去说书。一家保险公司听说之后，曾经两次邀请这所学校的老师前去说书：一次是胡大翠老师主讲的“潜意识的开发”，一次是张斌利主讲的“《论语》人生”。在天津等地，他们的老师讲完后好评如潮。曾经到过这所学校学习的山西几位校长无限感叹地说：“没想到这里的老师成长这么快！”是的，一些原来不太敢在大的场合讲话的教师，竟然在数百人甚至上千人的陌生场合从从容容地“说书”，而且还将听众说得乐而忘返。

这就是经典的力量！因为张斌利校长让教师所说的书，大都是经典。老师在说的过程中，也从经典中汲取了生命营养，思想与文化品位都有了很大的提升。更重要的是，他们又将这种精神营养不断地向更大的范围传播，感染与影响着更多的人去学习经典，去学说经典。

山东省乐陵市实验小学李升勇系《中国教育报》2009年度最具人气指数的校长，他们学校的学生不但诵读了大量的经典，而且还会讲经典。2008年“五一”长假期间，四年级一名同学随家长到敦煌莫高窟旅游，当听到导游介绍石像的不同年代时，这名学生就情不自禁地在一旁滔滔不绝地介绍各个朝代具体的起始时间和重大事件，引得游客不再听导游的讲解，好奇地围着他问这问那。他有问必答，侃侃而谈，游客都啧啧称赞。孩子的表现，让家长非常惊讶，她不相信自己的孩子知识面这么广，更不相信自己的孩子能在如此陌生的场合说得如此精彩。所以在回家的路上就迫不及待地给老师打电话，说自己原来对学校让学生诵读经典与说话练习并不赞同，通过这件事才真正认识到经典诵读的意义和对孩子人生的影响。

为什么有人能够出口成章、下笔成文，我认为必须读经典，这是根。有了这些以后，不管是说话还是写文章，以至言谈举止，都会透出一种气质，这就是经典内化于心之后外化出来的“风景”。

提升境界，安顿心灵

关注社会的诚信指数

【陶继新】大商在德，小商在技。世界上真正的大企业家的道德操守绝对不会不好，不然，就不会取信于人；而小商人经营虽可以靠一些技巧取得小的利润，但绝对不会有大的发展。一个真正意义上的大企业家，首先要学会做人。《大学》的开篇就说："大学之道，在明明德，在亲民，在止于至善。"著名职业经理人李开复在他的著作《做最好的自己》里就写了，企业家成功首先靠的不是企业的经营之道，而是做有德之人、诚信之人。他谈了不诚信所付出的巨大代价：在美国，中国学生的勤奋和优秀是出了名的，他们曾经一度是美国各校最受欢迎的留学生群体。但近些年，却有不少学校和教授声称，他们再也不想招收中国留学生了。理由很简单，某些中国学生拿着读博士的奖学金到了美国，可是一旦找到工作机会，他们就会马上申请离开学校，将自己曾经承诺要完成的学位和研究抛在一边。这种言行不一的做法已经使美国相当一部分教授对中国学生的诚信产生了怀疑。此外，美国有很多教授不再理会大多数中国学生的推荐信，因为他们知道，许多推荐信根本就出自学生自己之手，已经没有什么参考价值可言了。

此外，企业界不讲诚信的代价也是惨重的，《中国青年报》2010 年 3

月 25 日披露出一条惊人的消息，说我国每年因不讲诚信付出的代价大约达六千个亿，其中逃避债务直接损失一千八百个亿，其余的如合同欺诈、产品质量差和制假售假两千个亿，“三角债”两千个亿。这些数字来源于中国企业联合会理事长张彦宁之口，其准确性我估计不会有水分。我想如果再不讲诚信，后果真是令人担忧。

我们原本是个讲诚信的国度，特别是在法制不健全的封建时代，维系人与人之间的关系更是轻契约重承诺的。诚信是国人道德观念中的第一要素，没有诚信就没有人格，没有人格在国人的价值观念中便是最大的耻辱。孔老夫子说过“民无信不立”，没有诚信，做任何事情都不会有好的结果。孔子的弟子子贡曾经问他，如何“为政”？他说八个字：“足食，足兵，民信之矣。”即要有足够的粮食储备，要有一定的军事实力，要让老百姓相信你。子贡问他老师：“必不得已而去，于斯三者何先？”孔子说：“去兵。”子贡又问：“必不得已而去，于斯二者何先？”孔子说：“去食。自古皆有死，民无信不立。”（《论语·颜渊》）是啊！如果没有了民众的信任，为政者将无生存的基础。即使当下不会失败，最终也会消亡。

【王登峰】刚才提到了企业家，企业家首先要会的就是做人。为什么企业家要有伦理底线？从最自私的角度来讲，是为了他们企业的发展，因为企业的产品会进入到消费者的手中，如果对消费者构成了伤害，特别是现在的买方市场，你的产品对我构成了伤害，那谁还买你的？你的产品卖不出去，企业也就垮台了。所以自古以来，不管是中国还是西方，都对企业家的伦理要求很高，这既是一种自律，又是一种他律。2008 年北京奥运会非常成功，全世界都对中国文化刮目相看，当时有一个民调，中国文化在全世界的吸引力排名第三，那是从来没有过的高位。但过了一个月，三鹿奶粉的事件出来了。三鹿奶粉出来以后同时又做了一个民调，中国文化的吸引力倒数第一。人家有一句留言：我们很难想象一个民族会在自己孩子的食品里故意放毒。这话听了可能会让人觉得不服气，说中国文化不是这样的。但三鹿奶粉这件事情就是这么回事，三鹿的企业高管、中管、一线员工心知肚明，他们知道这个东西对孩子有害，但他们就是赚昧心钱，结果三鹿垮了。

从最自私的角度来讲，如果在一个企业家的脑子里没有消费者利益和权益的概念，这个企业是做不大的。

【陶继新】这样的企业，今天不垮明天也会垮，因为“无信不立”嘛！中国企业家不讲诚信的例子太多了，诚信“黑洞”越来越大。违法造假是信用缺失的典型表现。据统计，全国每年由于产品质量低劣或制假售假造成的各种损失约达2000亿元。而另一个让人触目惊心的事实是企业相互拖欠现象严重。据中国人民银行某官员透露：全国有16.5万户企业的应收账款，达到14827亿元，占销售收入的38%，是利润总额的8.5倍，因此增加的财务费用一年有2000亿元左右；企业相互拖欠导致负债增加，加重企业利息负担，16万户企业每年要多支付8.7亿元的利息。在全部拖欠案件中，约有80%以上是由于被拖欠企业自身的管理原因造成的，而以往人们所说的“政策性拖欠”仅占16%。由于市场经济秩序的不完善以及传统企业管理方式的落后，企业间的交易行为呈现出一种严重信用失控的混乱局面。

而被誉为世界上最聪明、富有的犹太民族，他们是世界上的少数人，却掌握了世界上庞大的资产，他们以其独特的经营智慧及众多商家富甲天下之成就，摘取了“世界第一商人”的称号，他们在财富领域的成就让世界刮目相看。他们的经营之道中就特别提到诚信，在他们心中毁约就是亵渎上帝。对自己不利也不能违约，因为他们认为千金一诺可以在你受挫的时候给你必要的支持，保证你有足以东山再起的人际关系，它可以给你带来可靠的机遇。他们认为违反契约必会遭到上帝的严厉惩罚，而且大家都会唾骂他，并把他逐出犹太商界。相反，若讲诚信，上帝则会垂青你，使你能够获得成功。

【王登峰】所以企业家自己得提高修养，得从钱眼里蹦出来。有时候我们说，一个人的大智慧是什么？像刚才说的大商和小商，大商要有大智慧。有时候一件事情看上去赚钱不多，但你从发展的眼光来看，只要这件事情做下去了，将来一定会有大发展。同样的，这件事情眼前能赚钱，但从长远来讲它不一定会长久，大商是不会只做眼前的事的。

一个社会文化的传承，除了企业家在节日里做促销可以直接推动整个社会对传统的认知以外，更重要的是作为一个企业家所秉承的价值理念会对这个社会产生的影响。

为什么现在中国社会很多人之间没有信任感？从商店买到东西，说明书上面说得很好，但我吃完之后就得了肾结石。我们买了一个很好的食品，结果告诉你是地沟油做的。你说，我们还怎么信任这个社会？这是什么造成的？企业造成的。企业家个人的修养是至关重要的，所以为什么我对企业家行动提了三个倡议，首先就是企业家要读经典，这是根本。因为一个企业家的价值理念和办企业的价值追求直接就决定了这个企业的走向，企业家读经典，受到中国文化的浸润、中国文化的熏陶，就会有大智慧，这个大智慧就是双赢，我赚钱了，也要让社会从我的企业中受益。

实际上这是一个相同的道理，社会受益了你才能发展，你要不让社会受益，社会绝对不会让你发展，你要是害别人，肯定你就死掉了，你要去帮助别人，你也就发展了。这是一种大智慧，中国的传统经典就会让我们的企业家形成这样的大智慧，而不只是小聪明。三鹿奶粉就是一个小聪明，用地沟油做菜就是小聪明，这也是只重眼前利益，根本就没有大智慧。说得狠一点，他连人都不是，怎么做商人？社会的文化传承需要各行各业都努力做，包括现在很多人对领导干部有一些意见，领导干部更应该读经典，也是首先要浸润自己。习近平同志 2009 年在中央党校春季学期第二批进修班暨专题研讨班开学典礼上就特别提到，领导干部多读优秀传统文化书籍。读中国传统哲学、中国传统经济学、中国传统政治学，从这里面能够吸收我们为官理政的智慧。这些东西其实和我们现代生活是息息相关的，很多看上去没有关联的东西，它们的内在价值理念是完全一致的。

【陶继新】现代社会最需要的就是诚信，这是人与人之间交往最根本的基石，但是现今社会最缺的也是诚信，人与人之间的关系已经到了非常紧张的地步了，做任何事情都会有人怀疑你的动机。现在令人感到痛心的是，哪怕怀着一个非常好的动机去做一件事情，有时别人也会朝另外一个偏的方向去想，社会上已经有人不敢做好事了。假如看到一个老太太跌倒在地上，把她送到医院，给她交医疗费，她也许不但不感激还会赖上你，这样不诚信的事情发生得太多了。

不诚信当是由来已久，所以，应当从小抓起。所以，学校教育可谓任重道远。小孩从小要养成一个好品格，就是“诚”。“诚”简单说来就是对人诚实，对人真诚，让人感觉到你这个人可交。第二个就是“信”，言必信，行必果，要讲信用，这是做人的根本。诚信是“爱”和“真”的核心，因为你诚人家才能信，你不诚，人家就不信；你对人家不信任，人家就会对你不信任，如果一个人对别人不信任，别人也不信任他，这就自动地把自己周围的资源切断了。周围的人都是你的资源。你周围的人不外乎你的亲人、你的朋友、你的同学。无论是小学、中学还是大学，在一个班上读书的同学，他们都是彼此终生的财富。这个财富虽然没有计算成多少钱，但是这种财富是无价的，一定要珍惜。而且这个时候所交的朋友是终生的，从小了解，是不需要再考察的，甚至于家长都会成为资源库。这个我相信我们都很有体会，所以诚信应该是从小播下的种子。

1998年的高考作文题目是“坚强——我追求的品格”，但是那一年闹了很多的笑话。其中一个男性老教师去改高考作文卷子，改着改着一看是他儿子的，他认识他儿子的笔迹。结果里面怎么写的？我的父亲死了六年了，我和我的母亲相依为命。当时这个老师就气得晕倒了，还住了很长时间的院。还有一个学生写，我从小失去了双臂，学着用脚写字，学习张海迪。后来跟踪调查一看吧，他完全是一个四肢健全的棒小伙子……

我到一些学校采访的时候，几次遇到这样的情况。一个老师认为品学兼优的学生，有时会将拾到的几元钱交公，老师说他拾金不昧表扬他。可是，事实上，是他拿了自己的钱交公的，目的就是得到老师的表扬。这看起来不是什么大事，却特别可怕。如果这种造假之风在学校蔓延的话，那么我们的教育就会走向反面。学生如此，教师也是这样。老师的不真，会从言谈举止中透露出来，而且会潜移默化地影响学生。

形成孩子优秀的品行

【王登峰】我们现在经常讲，雅言（普通话），它传承的是文明，读完经典真的可以浸润人生。就像现在很多小孩读《弟子规》，很重要的一点是小孩子从家里出去要告诉父母一声，等你回来后要直接到父母跟前来，这是相互的，父母一定会关心孩子：他出去了，什么时候走的，什么时候回来的，孩子体谅到这一点，就能让父母及时知道。另外，长辈在招呼人，如果招呼的人不在，你得先答应，如果找不到，你得回来报告“你要找的人不在，你看我能不能去”。这些东西是文本，在孩子读完之后，我们不用教他。孩子看到屋子里很乱就说“一片狼藉”，顺口就出来了。遇到父母要让子女干什么，或者子女要干什么父母不知道，子女从外面回来就报告父母，那么不用教他，他读完后自然就会，这就是一种经典的作用。相反的，如果不让他读经典，只是让他读一些中等甚至低等的作品，那对孩子会有什么影响？

【陶继新】是啊！经典在传承着文明，诵读之后，就会变得文明起来。

诵读国学经典不能包治百病，但诵读经典对一个人特别是孩子人格的形成肯定会产生影响。而且这种影响会随着阅历的增长越来越明显，越来越深刻，甚至会影响人的一生。因此，早读比晚读好，多读比少读好，读总比不读好，然而期望立竿见影可不好。

2008 年 1 月 19 日《中国教育报》第二版上，发表了我写的一篇文章——

《国学经典诵读成为“文化名片”：山东莱西市小学国学启蒙教育侧记》，其中就写了这个市的师生诵读经典之后发生的巨大变化——国学经典诵读活动对学生行为习惯的养成起到了潜移默化的推动作用。

不少教师反映，原来学生中不乏自私、任性、不懂礼貌等行为，孩子们在接受国学教育之后，渐渐学会谦让、团结同学、尊重师长了。

家长们也说，开展国学经典诵读之后孩子们的变化可大了，懂得为下班的父母端上一杯茶，吃完饭主动收拾碗筷、扫地，对长辈也礼貌多了。姜山中心小学教师郝秀华的班里有一个学生，以前经常拿同学的东西不还，屡教不改。可是，诵读了《弟子规》之后，他像变了一个人似的，用任何人的东西，一定有借必还。

臧格庄小学的语文教师徐普明给记者讲了一个故事：一次一个家长白天劳累过度，吃过晚饭就在沙发上睡着了。他的孩子悄悄地将他的鞋子脱下，端来一盆热水，轻手轻脚地给爸爸洗脚。当爸爸一觉醒来，得知是儿子给自己洗脚之后，竟然激动得泪流满面。此后，他逢人就讲，没想到经典诵读让自己的儿子懂得了孝顺。

现在不少孩子不但在文化素养方面出现严重“营养不良”，还不同程度地表现出自私自利、好逸恶劳等不良心态，通过经典文化的诵读，可以用传统文化为其增添生命的底色，让他们在传统文化的滋养中健康成长。

【王登峰】其实就是我前面讲的，读经典对一个人的社会智力和价值理念都会发生潜移默化的影响，这些合起来就是你说的“人格”，是这个人整体的变化。他不仅仅智力超群，智力超群的人到处都有；社会智力高超，各种关系处理得非常好的人大有人在；有崇高追求的人也很多，但能把这三者结合在一起的确实非常少，而读中华经典就能让这三者在每个人身上都有展示，这可能就是我们读经典最终的意义和价值。

经典让人的心灵安顿

【王登峰】前面提过，从一个人的综合能力来讲，我们现在讲人的全面发展，大概可以分成三个方面：第一是智力发展，第二个是社会智力，我们叫“非智力因素”，第三是他的价值观。而读经典在这三个方面都可以起到非常重要的作用。

首先从智力发展来讲，我们现在经常讲智力开发，其实智力最重要的三个要素就是语言能力、计算能力、逻辑推理能力，诵读经典对于提高语言能力的作用可以说是不言而喻的。从陶老师讲的例子到我刚才讲的小学校长、中学校长看孩子读完经典之后作文水平提高，其实就是他的语言能力提高，口头表达能力也在提高，语言能力是可以直接影响到的，而逻辑推理能力离不开语言能力，诵读经典既可以提高语言能力，同时又能提高逻辑推理能力。

陶老师讲到了，小孩子读经典，记得快，忘得慢。其实汉语经典还有一个特点，单音节，而且有韵律。有位老师曾经对我讲过一件事情，他的两个学生到美国读书，读计量经济学。有一次上课，教授给所有学生提了一个要求，给他们两周时间背下圆周率 π 小数点后的 200 位，结果这两个中国学生两天后就背下来了，但这些外国学生，两周下来还磕磕绊绊。后来他们分析是什么原因，就是因为中文的单音节和韵律感。用中文来背：3.1415926……很快，试着用英文背一下，每一个数字都是多音节，而且没有韵律感，很难找到它的规律。其实这是中文非常重要的一个特点，而读经典不仅让你背了，记了，容易记也容易背，更重要的是这里面内容确实可以改变一个人的言谈举止。

计算能力，刚才我们举了背诵圆周率的例子，其实数学计算能力和语言能力密切相关。我记得小时候上数学课学应用题，很多学生做不出来，不是因为他算不出数，是因为他读不懂题目的意思。比如“两个人隔十公里，一个人从这头走，另一个人从那头走，问多长时间能碰面”，如告诉你两个人行走的速度是多少，两个人分别走多少到十公里，这很容易算出来，但读不懂题目的意思就算不出来。读经典可以提升一个孩子的记忆力，更重要的是可以把它转化为一种语言能力和逻辑推理能力，所以读经典对于开发孩子的智力非常重要。当然，你也可以让他读别的东西，专门培养他怎么说话，这也是可以的。

就智力开发来讲，我们不能说只有读经典才能开发智力，但后面两个——社会智力和价值理念，只有通过读经典。社会智力是什么？过去西方人曾经讲过“情商”的概念，很多人都了解。情商讲的是什么？你在跟别人打交道时心情不好，你能把你的情绪控制一下，不要让人觉得你的心情不好，这样的人就被人称为情商高。其实这在中国人看来是最简单的，中国人在与人交往时特别强调为人着想，所以善于控制自己的情绪，特别是消极情绪，这是中国文化对每一个人的要求，这就是非智力因素，就是社会智力。

我们说到非智力因素不外乎两个：第一个方面，怎么看待你自己，怎么看待你自己就会影响到你怎么表达自己，怎么表达自己就会影响到你人际交往的质量。第二个方面，你怎么认识别人，怎么表达对别人的看法。这两个方面都离不开语言能力，但语言能力必须有很重要的文化内核，也就是前面中国文化讲到的中和，以人为本，己所不欲，勿施于人。这些会影响到你和人打交道时言谈举止的风格，包括怎么看你自己，怎么看别人。

所以读经典对人潜移默化的影响就是他会跟别人相处得非常好，不但能控制自己的情绪，还能够为别人着想，这人今天情绪不太好，家里遇到了什么事儿，我应该更多从哪个方面去关心他。同样的，我今天遇到了一件很高兴的事儿，我得奖了，大家都没得奖，我在跟别人打交道时应该体谅别人的心情。所有的人都会喜欢和这种有修养的人交往，这不就是社会智力吗？

【陶继新】情商之于一个人的社会存在与生命成长太重要了。情商低下者，即使有了较高的工作能力，有的时候也会因为情商方面出现问题而最终失败。

其实，孔子当年就已经关注了“情商”这个问题，只不过当时不叫情商罢了。他最欣赏的学生就是颜回了，他对颜回的评价是这个学生太好学了，其表现是“不迁怒，不贰过”（《论语·雍也》），不把自己的怒气迁移到别人身上，不犯同样的错误。不迁怒说起来容易，做起来难啊。一个家长在单位受了气可能会迁怒于孩子，一个老师在家里受了气可能会迁怒于学生，在某种意义上这也是修为不到所致。

现在教学上谈高效课堂的开始多了起来，可是，如果只是关注方法技巧，就不可能真正抵达高效的境界。因为高效课堂中还有一个重要的因素，那就是情感。如果教师与学生处于愤怒、恐惧、悲哀等消极情绪状态，不管什么“高效方法”，都不会产生有效的作用。只有教者与学者进入到一种心情快乐甚至精神亢奋状态时，教与学者才能享受抵达“巅峰”时刻的幸福。

有的学者认为，与西方的“罪感文化”、日本的“耻感文化”相比较，以儒学为骨干的中国文化的精神是“乐感文化”。而孔子，则是“乐感文化”的一个代表。（《论语今读》，李泽厚著，中华书局2004年版，第3页）这与您说的“和谐”同样重要，因为和谐与乐感是联系在一起的。

孔子的乐感文化是中国儒家文化的一个重要内容。在《论语》中，还有不少写孔子乐感文化的章节。如有一天，叶公问子路，你的老师孔子是什么样的人呢。子路没有回答，因为也很难回答，很难用简要的话语来概括他的老师。孔子知道后，就对子路说：“女奚不曰，其为人也，发愤忘食，乐以忘忧，不知老之将至云尔。”（《论语·述而》）意思是说，你为什么不对他说，我不仅忘食，还忘忧，不但快乐，没有什么忧愁，甚至连老了都不知道了。寥寥数语，就把自己的“乐感”情貌描述得淋漓尽致。他还说：“饭疏食，饮水，曲肱而枕之，乐亦在其中矣。不义而富且贵，于我如浮云。”（《论语·述而》）你看看，他是吃着粗粮，喝着凉水，把胳膊一弯当枕头，却特别快乐。何以能够如此快乐呢？因为不正当的财富和官位，对于孔子来说，就像转瞬即逝的浮云一样。既然没有“富”“贵”之求，甚至是以贫为乐，又何忧之有？这种超越富贵贫贱之上的“乐”，已经进入到了一个审美的境界之中了。所以，他讲：“兴于《诗》，立于礼，成于乐。”（《论语·泰伯》）意思是说，人的修养开始于学习《诗经》，自立于学礼，完成于学乐。在孔子看来，学习的至高境界，当是一种审美。董子竹先生则认为，孔子是一个“真正悟得了生命本体的人，无时不是快乐的，时时都在体验着生命的快乐”（《论语正裁——与南怀瑾商榷》，长江文艺出版社2007年版，第5页）。

当时鲁国有一个叫阳虎的，曾经掠夺和残杀过匡地的百姓，那里的人都特别恨他。孔子带着他的弟子们从卫国到陈国去，经过匡地。由于孔子的长相有点与阳虎相似，被当地的人误以为阳虎又来了，他们便举兵围住了孔子一行。弟子们都非常害怕，认为大祸临头了。可是，孔子却说：“文王既没，文不在兹乎？天之将丧斯文也，后死者不得与于斯文也；天之未丧斯文也，匡人其如予何？”（《论语·子罕》）意思是说，自从周文王死了以后，周代所有的礼乐文化不都集中体现在我身上吗？上天如果想要消灭这些文化的话，那么，我也就不可能掌握这些文化了。上天如果不想消灭这些文化，匡人又能把我怎么样呢？看看，孔子已经处于死亡的边缘，可是，却只字不谈死亡的威胁，而是感觉有一种舍我其谁的历史担当，并且认为有了这种担当的人，匡人对他是无可奈何的。

还是在孔子一行从卫国到陈国去的路上，由于粮食断绝，跟着他的人个个饿得有气无力。子路就很生气地来质问孔子:“君子亦有穷乎？”孔子答道:“君子固穷，小人穷斯滥矣。”（《论语·卫灵公》）在孔子的弟子看来，孔子这样有道德有学识的人，是不应当走投无路和没有办法的。所以，身处此境，子路就对老师也发起了牢骚。可孔子却说，君子在困厄的时候，仍然坚持着；小人没有办法就会胡来了。人都快要饿死了，孔子却还是在讲君子之道，而且没有任何不“乐”的感觉。

在孔子看来，身处逆境依然能够保持一种乐而忘忧情怀的恐怕就是颜回了。人们大多知道孔子称道颜回的一段话——“贤哉回也！一箪食，一瓢饮，在陋巷，人不堪其忧，回也不改其乐。贤哉回也！”（《论语·雍也》）大家看看，孔子认为颜回的品质多么高尚啊！一筐饭，一瓢水，住在破旧的巷子里，别人都忍受不了这种穷困清苦，颜回却没有改变他好学的乐趣。

在这种环境中生活，为什么还这么快乐呢？因为颜回追求的是精神的丰盈，他从孔子那里学到了最有价值的东西。外在生活的困难，已经对他的心灵构不成威胁。应该看到，“孔颜乐处”的快乐是具有超越一般意义上的快乐价值的。

古往今来的一些大师，之所以能够在逆境中保持一个良好的心态，与其读书不无关系。比如苏东坡，他在任何困难环境中都能保持一种乐而忘忧的情怀，成为世人敬仰的大文学家，就因为他从儒释道三家的思想精髓中吸取了营养，并内化成为一种属于苏氏思想性格的美质。“千里之行，始于足下。”苏东坡的这种文化积累与思想升华，正源自他小时候对中国经典文化的多元吸纳。

【王登峰】现在的情况是我们面临越来越多外来的冲击，只靠自发是不行的，要把它变成一种自觉的行动，所以现在我们倡导读经典，包括陶老师十几年以来一直四处奔走，其实都是为了弘扬我们的传统文化，有了这样一种努力，我们这么好的文化传统，这么高明的价值理念才能够不断传承下去并发扬光大，让全世界都能够看到我们文化的特点。我们不是像西方人那样去征服，让全世界都接受我们的价值观，但我们要呈现出来，我们的价值观是什么，我们的文化是什么样子，不要让外国人觉得到了中国就是看看京戏，画个脸谱，踩个高跷，那是文化形式，但还要让我们的文化内涵让更多人了解，前提是作为一个中国人，我们首先要了解我们自己的经典，通过诵读经典，自己发展起来。

【陶继新】如何将经典诵读作为一种自觉的行动，特别是内化成一种内在的精神需求，当是一个十分重要的问题。可以说，我本身就是经典诵读的受益者。在没有认真诵读经典之前，我的心很不安定，比较浮躁，心情很容易受外在因素左右。

当今社会本身就是很浮躁的社会，您可能接触了很多记者，他们往往并不真正采访，而是到了采访之地，拿着人家提供的现成的材料就走了，回去之后，稍微一改就成了自己的东西，就见诸报端了。更有甚者，连学校也不去，只把人家的材料拿过来，未经人家同意，就改改题目与内文中的个别词句，就署上自己的名字发表出来，甚至有的还获了大奖，而且到处炫耀。这样的记者，到了一个地方，就夸夸其谈，特别是大谈自己写了什么什么。我想，这样的人，不但不是一个心灵安静者，人格都有问题。所以，一个记者的良知特别重要，而要想有良知，要想心灵安顿，就要好好诵读经典。《大学》中说："所谓修身在正其心者：身有所忿懥，则不得其正；有所恐惧，则不得其正；有所好乐，则不得其正；有所忧患，则不得其正。"即说明了经典诵读对人格的养成是非常重要的。四十九岁那年，我背诵了《论语》中的百分之八十五的内容；五十岁的时候，我又背诵了老子的《道德经》。结果，我发现自己变了。我在自觉地追求人格的完善，心理渐渐地平静下来，即使在非常吵闹的地方，我也可以走进经典阅读之中。工作之余，节假休息，捧读一本好书，很快便驶进一个宁静的心灵港湾，不知老之将至，不知繁乱纷争，功利之心淡失，浮躁之气远遁。于是，唯有将自己融入宇宙自然和人文风景的洒脱与飘逸、从容与愉悦。

读经典还让我拥有一种能够容物容人的平和心境。即使在一般人看来一定会生气的时候，我也能够做到原则上心平气和。我一年当中最多能生三四次气，不过，我一般不会将这种气转嫁到别人身上，而是会在五分钟之内将气化解掉。我会冷静思考他为什么气我，我有什么问题。可能大部分不是我的问题，但我要首先思考自己错在哪里。当我想到问题出在他人身上时，我就不生气了。为什么？因为我感到他很可悲、很可笑，所以我可怜他，同情他。很快，我就不生气了，甚至为自己的雅量而感到自豪。

所以，我认为，“不迁怒”应该成为人们的一种生命状态，因为情绪会传染人的，当人有不好的情绪时，一旦他和人相处时就会传递给别人，别人也会有负面情绪。一种不好的情绪传染出去，其消极影响是非常大的。特别是老师，当你把不好的情绪传递给自己的学生时，学生的情绪肯定会受到影响。当一个阳光灿烂的老师走进课堂中，他传递给学生的正能量，能让学生的学习效率提高；当一个老师在满脸忧愁、牢骚满腹甚至气急败坏时走进班里，即使教学生时用了最好的办法，教学效率也不会高。这种正能量、正情绪是我们的经典文化大师早就告诉我们的。正能量像一抹阳光能照亮阴暗的每一个角落，即使当时个别孩子情绪不好，他也可能被这种正能量所感染。

学习孔子的乐观精神，追求道德上的自我完善，遇到事情后反求诸己，用我们柔和的内心力量来给自己定心。有朋友问，陶老师你怎么天天这么快乐？我说不快乐是不可能的，我有一种方法，就是精神胜利法。我的精神胜利法是什么呢？就是始终给自己一个积极的心理暗示，我很快乐与幸福，没有什么能阻挡这个快乐与幸福。

是经典文化将我的生命全然转换，从过去情绪化的生活状态变成生活目标清晰的状态。经典让我在生活中不断完善自我，经典让我找到了内心的宁静，现在我的心灵是自由的。其后，经典让我体味到生命的欢乐与高贵，而我又希望更多的人能体会到经典带给人们的这种智慧。

人类存生于宇宙之间，虽然时间短暂，却应当因为生而为人感到愉悦与快乐。有了这种感觉，就会在看到任何事物时都会有一种特殊的美感。即使每天的日出日落，也并不认为太阳只是循环往复地重复既往，而是一个又一个新的景象的呈示，美不胜收，妙不可言。我早晨锻炼的时候，身处山林绿色之中，空气如此清新，如果再背诵一些经典，就感到有一种自然美、人文美与自己心灵之美的和谐，快乐无比，幸福莫名。

也许有的人会说，我怎么就是感觉不到这种美呢？其实，“美是到处都有的。对于我们的眼睛，不是缺少美，而是缺少发现（罗丹语）”。如果进一步地想一想，对于美的发现，更多的还不是在眼睛上，而是在心灵层面。一个心灵快乐的人，就会发现更多的美，甚至在一般人看来无美可言的事物，他都可以感受到美的存在。而一个真正发展到一定层次的人，往往拥有这种审美心灵。而有这种审美心灵的人，又反过来可以更多地发现美。这种良性循环，久而久之，就会使你一生处于幸福之中。

【王登峰】刚才我们讲到了，教师在学生面前应该阳光灿烂，官员在老百姓面前应该春风和煦，其实还有一点我们很多人都不太重视，回到家里的时候，有时我们会把家里不好的情绪带到班上，带到工作中，大部分情况下我们也会把工作中不好的情绪带回家里，这也是不公平的、不道德的。

【陶继新】在我的个人网站首页上，反复出现着“善待他人，发展自身”和“己欲立而立人，己欲达而达人”两句话，前者为自我修身成长的概括，后者言孔子忠恕之道如影随形于自己的心中。这些，都与我的读书生涯有着内在的联系。

“善待他人”既源自我的善良本性，更受惠于《论语》《金刚经》等经典文化的滋养。在感悟世界哲人之言的要义时，我感受最深的是那份善待他人的美丽。也正是善待他人，我既不陶醉于别人的赞誉，也不计较于他人的反对。善在心中，便有了心灵的一片净土，乐亦自然在心中回旋。在从哲人那里汲取思想营养的同时，世界文学大师作品中的审美情趣与文学描述也走进我的心灵世界。于是，行文也就有了向“道法自然”境界的渐渐趋进。这些又与宠辱不惊的心态形成一种和谐，使自己的生命成长有了一种动力支撑与智慧源泉。

多年来，我对省内外自己所崇敬的教育专家、校长和教师进行了力所能及的采访与报道，并围绕着经典诵读内容，采访了杜维明、赵玲玲等国学大师，已经发表了数百篇自己单独写成的长篇作品。之所以如此努力，目的是将游转于他们之中的真善美本色地呈现出来，让更多的读者也如我一样去永远地追寻美好的东西。对于邀请我做报告者，从来不讲究报酬，尤其愿意为农村的学校讲课。因为我做报告的目的，就是要唤醒更多的人走上读书之路。尽管自己的力量有限，可在每一场报告之后于听众中所引起的强烈反响，以及由此之后的读书行动，给我的精神以最大的慰藉。人的生命价值理应受到挑战并得以体认，我们不仅要正视学习主体所拥有的内在潜质，更要有效地开掘其内在的潜能，而读经典之书，则是开发生命主体潜能最有为效的方法之一。如果能够让读经典与我们为伴，也就能够让幸福与我们相伴一生。

其实，心情的好坏与人的欲求多少也有关系。人不应当在物质上有太多追求，而应当追求心灵的愉悦。荀子说："心平愉，则色不及佣而可以养目，声不及佣而可以养耳，蔬食菜羹而可以养口，粗布之衣、粗紃之履而可以养体。"（《荀子·正名》）看来，不只是外国人关注了情商的问题，我们的先贤早就对这个问题研究且实践了。

有得就有失，有失就有得。是的，天地运行大道就是这样，当你得到一些东西时肯定会失去一些东西。很多人在追求着得，但岂不知他追求的得未必是真得，可能只是眼前之得，不一定是未来之得。我当山东教育社领导的时候曾经给山东省教育厅齐涛厅长提出五次辞职，他都没有同意，所以我一直到了退休年龄方才离任。我为什么要辞去这个总编辑职务呢？因为在我看来，能当得了这个总编辑的人并不少，愿意当总编辑的人也有很多；而像我这样如此喜欢读书、采访和写作的人却是少之又少的。但有的人可能不这样考虑。所以人在得失这个价值取舍上也是因人而异，为什么我能这样，这肯定和我读经典有关，如果不读经典我肯定不会这样，很可能希望保持我的位置甚至再往上升一些。可是我发现，很多人在钻营一生、追求一生之后，到退休时，官位不存在了，证书不存在了，最后就什么都没有了。什么最重要呢？还是你的思想、你的道德、你的生命状态。

当自己找到了心灵归宿之后，就不会为那些没有多少价值的虚名而奔波。十几年来，我几乎不参加新闻评奖，尽管自己写了那么多的新闻作品。为什么呢？一是不愿意与那些造假的作品混在一起，二是觉得真的没有多少意义与价值。有的人得了一个又一个的大奖，可是，其水平却难以令人恭维。我认为，最有价值的，是不断地提升自己的思想与文化品位。可是，人们往往舍本逐末。当下尽管有了些许荣誉，可给自己的心灵留下的是什么呢？几十多年的编辑、记者生涯，最令我感到欣慰的是，读了一些好书，留下了纯然属于自己的一千多万字的作品，在全国做了一千多场报告。所以，退休之后更加充实，更加幸福。如果我只是关注那些虚幻的东西，就没有今天的生命状态。

退休之后，一般来说，每个月我都要出差半个月左右，听课、开会、采访、讲课等，剩下半个月就在家里看书、写作，现在我每个月都发表四至八万字的文章。别人得到的东西我大都没有追求，但我追求了文化，追求了思想。所以一位校长说，陶继新老师现在属于“超忙状态”。但我的心里很愉快，很平静，忙而不乱。这个状态让我越来越愉快，越来越感到幸福，以至于我的身体也健康了，因为身体跟人的情绪状态是有关的。看来，经典是可以提升优化人的生命品质的。

【王登峰】其实你说的“忙而不乱”，忙而有幸福感，很重要的一个原因是因为你搞清楚了你到底想要什么，是留恋于一个总编的职位，还是去做自己认为有价值又愿意做的事情？我觉得这是非常重要的。

我在一次学术会上碰到了二十年前教过的学生，他在大学毕业以后就出国了，在美国做得非常好，事业很成功，是一个很大的跨国公司里的部门负责人。但有两件事让他做出了改变，有一次他在一个融资会上介绍情况，下面都是要出钱的大老板。他接到了一个电话，说他母亲受伤了，要送医院，但他没有办法，只好继续干他的事，只有这件事情做完后才能回家照顾他的母亲。第二件事，也是一次很重要的发布会，结果说他的儿子闹肚子，只有保姆在家，那就只好让保姆带他的孩子去医院，他自己还得去忙他的事情。

他说，我的事业确实非常成功，也挣了很多钱，但我发现我干的这些事情没有意义，我最亲近的两个人，当他们最需要我的时候我没办法去照顾他们。所以最后他辞掉工作，回到中国办了一个他自己的公司，这个公司就是专门研究传播幸福的。

这个学生二十年不见，让我刮目相看。我说，要做到这一点很难，困难在于现在大家都用挣钱多少，地位是否显赫，是在多大的公司里做什么这些标准来衡量成功，似乎每个人都应该去追求这些东西，但他在这些东西都拥有了以后却主动放弃了，为了能够照顾母亲、照顾孩子。我觉得这就是一个人想清楚了自己想要的是什么。陶老师说的是不要总编，他是不要那个显赫的公司背景，不要一个月挣几百万，我只要能够陪伴家人，同时一个月能挣几万块钱，这就很好了。过去朱德老总说过，“从俭入奢易，从奢入俭难。勤俭建国家，永久是箴言”。现在这个社会太物质化了，很多人都把人生目标定为社会认可的标准，很多情况下这个社会认可标准和我们内心的想法是不一致的，但很少有人有勇气说，那是社会赞许的，但对我来讲意义不大，我反而愿意去做大家不太看好的事情。我觉得陶老师就是一个榜样，总编对所有人来讲，可能这是最重要的目标，但你能够放弃，这个我可以不做，我去多写几篇文章、多听几堂课，跟多少个做经典诵读的老师们接触，认为这才是最重要、最有价值的，在这样的反差之下能够做这样的选择，我觉得这就是我们的传统、我们文化的力量。

在西方人看来，这样的事情也不是没有，也会有的，他们也有他们的人生追求，但中国人也有中国人的人生追求，更重要的是陶老师一开始讲的中国文化三大支柱，儒家、佛教和道家的思想，这里面正好提供了中国人看问题的几个不同角度，如果只有儒家思想没有佛家的思想和道家思想，中国文化是不完整的，如果只有道家思想而没有儒家思想，中国社会也不会发展，恰恰是儒释道三者的结合让中国人在面对各种问题时都能信手拈来。

【陶继新】有的人说，我需要这需要那，而且越多越好。但是，这种人往往忘了有得就有失的道理。就是得到的越多，负担也越重，甚至是得到的越多，失去的越多。无论外界的生活多么光彩照人，终究还是要回到自己的内心世界，向内走，你会发现你的心灵力量越来越大，自己越来越富有。正如“仿若玫瑰花瓣收起，重回花蕾境地”。

大家都知道“禅”吧。进入到这种境界，人生就会发生变化。可是，怎样才叫禅呢？我不想说一些大道理，就打个比方吧。比如现在就有一个人让我站起来。你们看看，我正坐得舒舒服服的，叫我站起来干什么呢？原来，他要我抬起一条腿，之后，还陆续往我身上放东西，越放越多，也越来越重，直到我实在支持不住了，他才说，现在我把这些东西一件件拿下来，你再看看感受怎样。我感到，他每拿下一件，我就轻松一些。全部拿完，感到特别轻松。这个时候，他又说，你把抬起的那一条腿放下来吧，并允许我坐下来。你们说，这个时候我的感觉是什么样子的？那简直是太轻松了。可他却说，你心里的负担比我给你加的东西还重，如果你能把你心中喋喋不休的杂音，那些纠缠你的老旧的疑虑与绝望，你心里所需要的外在的名、利等全部放下，你的生命就非常的精彩了，就能进入禅的境界了。因为我们的心灵太容易失去方向，太容易飞速旋转。说到这里，不用多说，大家一定明白了吧。是的，我们心里的负担太重了，必须放下。事实上，我们在得的时候，还要学会舍，有舍方有得嘛！

一个青年背着个大包裹千里迢迢跑来见无际大师，他说：“大师，我是那样的孤独、痛苦与寂寞，长期的跋涉使我疲倦到了极点；我的鞋子破了，荆棘割破了双脚；手也受伤了，流血不止；嗓子因为大声呼喊而喑哑。为什么我还不能找到心中的阳光？”

大师问：“你的大包裹里装的是什么？”

青年说：“它对我可重要了。里面装的是我每一次跌倒时的痛苦，每一次受伤后的哭泣，每一次孤寂时的烦恼。靠了它，我才走到了你这儿。”

于是，无际大师带青年来到河边，他们坐船过了河。上岸后，大师说：“你扛着船走路吧！”

“什么，扛着船赶路？”青年很惊讶，“它那么沉，我扛得动吗？”

“是的，你扛不动它。”大师微微一笑，说：“过河时，船是有用的；但过河后，我们就要放下船赶路，否则它会变成我们的包袱。痛苦、孤独、寂寞、灾难、眼泪，这些对人生都是有用的。它能使生命得到升华，但须臾不忘，就成了人生的包袱。放下它吧！孩子，生命不能太负重。”

青年放下包袱，继续赶路，他发现自己的步子轻松而愉悦，比以前快得多。

实际上，我们现实中的人的心理包袱并不比这个小青年少。有荣誉，也有耻辱；有成功，也有失败；有高兴，也有忧伤，如此等等，如果不放下它们，就会成为我们前进的障碍。只有学会放下，才能轻装上阵。

人们往往看见一些有形的东西，其实，那些无形的“负担”更重。放下心理层面的负担，才能走进“无我”的境界。

经典可以改变人的生命状态，使我们的生命状态不断地趋于优化。这些年我之所以发展比较好，生命状态相对比较优化，关键就是得益于经典对我生命的浸润。

2018 年我采访全国语文名师王崧舟的时候，他就谈到了“为己读书”的阅读经典修身养性的意义。在他看来，为己读书不是手段，而是目的。孔子说：“古之学者为己，今之学者为人。”大体意思是说，古代的人学习是为了提高自己，而现在的人学习是为了给别人看。看来，所谓“为己”，是说学习的终极目的是提高自己的精神境界。孔子之学，要言之，就是“内圣与外王之道”。不为己，无以内圣也；无内圣，亦无以外王也。所以《大学》有言：“自天子以至于庶人，壹是皆以修身为本。”因为“本立而道生”，“修身”才能“齐家治国平天下”。

那么，读书就一定能提升人的精神境界吗？答案是“未必”。如果读了品位低劣、思想贫乏的书，则有可能读得越多，人格越低下。目前，各种各样的图书俯拾皆是，优劣不等，稍不小心，就有可能掉到读书的陷阱里。

对此，王崧舟是早有警惕的。他所说的“读书”，并非什么书都读，而是读思想深刻、文化品位极高的书，尤其是要读经典。因为经典之中，不但富有优美的语言、丰沛的智慧，还有真善美的境界。读这样的书，才能净化心灵，升华人格。

真正优秀的教师，不但要有丰厚的知识、极强的教学能力，而且还要有高尚的人格。因为教师的人格修养，会在平时的教育教学场景中，有形无形地传递给学生，并让学生自觉不自觉地“择其善者而从之”。

由此看来，“为己”除了修养自身之外，还有了“己欲立而立人，己欲达而达人”的境界。恰如《大学》所言：“君子有诸己而后求诸人，无诸己而后非诸人。”

所以，走进王崧舟的生命世界，除了欣赏其高超的教育教学艺术之外，还要感悟其超越常人的精神气象。“为己”除了提高自己的修养与滋润自己的生命之外，更有了“修己以达人”的更高境界。于是，王崧舟“得天下英才而教育之”的时候，就有了特殊的责任感与使命感。因为在他看来，每一个生命都有着巨大的发展潜力，而教师生命能量的高下，则在某种程度上影响着学生成长的速度。

正是基于这样一种思考，王崧舟不但通过课堂教学将其读书的智慧与思想播撒于学生心田之上，也引导学生多读书，读好书。这样，虽然他的学生当下未必就能考出特别好的成绩，却为未来发展积蓄了生命能量。他这也是在让学生更好地“为己”，也希望学生未来还能够立己达人，成为社会的有用人才。

2006年1月，河北有一个网名叫梦回唐朝的老师写了一篇关于我的文章，题目就叫《一个灵魂有根的人》，其中有这样一些文字：

在这个世界上，在滚滚入世红尘中，在我认识的人中，灵魂有根的人是非常少的。好多的人一如这个世间的浮萍，随着政治的、情感的、运动的、金钱的、势力的、场景的变动而不断地变动着自己的性情和喜怒哀乐，自己的灵魂不断地被外物所左右而不是掌握在自己的手中。而陶继新老师是从故纸堆中找寻到营养、水分，穿越了这样的纸场，把那些营养变成了自己的东西，最后成为自己的根，这样的根非常的广博、深厚，并且有人群作为底蕴和根基。这就是陶继新老师这样的人。他有自己的根，并且在这样根的滋养下生长成了一棵伟岸的树，为他周围的人们遮风挡雨，并不断地送来清凉和慰藉。

陶老师不会轻易地被外物所困扰，他能够划分什么是关乎心灵的、什么是身外的，他知道何时应该认真而何时应该放弃。但是，陶老师绝对不是消极地等待或者是逃避，他是积极地自然应对。有时一如伟岸的山，有时一如灵动的水，有时一如海，有时一如热带草原上的一棵挺立的华荫如盖的桉树。但是，不论你感觉他像什么，都能够感觉出他灵魂的不变的根。

而且，陶老师的周围就出现了这样一群积极的、向上的、向善的、努力要为教育贡献自己力量的群落。不要小看这样的群落，等到时机成熟，会有一场风暴、教育改革的风暴的。大家都在为着教育尽最大的努力，贡献着自己的体力、智慧、能力，尽量把自己向上的、善良的维度呈现给这个社会。而由陶老师的带动形成的一个群落、由这样的群落再形成的另外衍射的群落，这就是力量。

一群热爱生活、热爱教育的人们，在陶老师的感召下，努力地工作，这就是一幅生动的大写意画！

王司长，写我的文章不少，溢美之词可想而知。可是，我一点儿也不骄傲，在《做幸福的教师》（齐鲁书社 2018 年版）一书的“自序”中，我写了这样一段文字：由于出身卑微，历经了太多苦难，所以，不管取得多么骄人的成绩，不管遇到多么热烈的赞扬，我的内心深处都有一个徘徊不去的声音——我当过农民，甚至连一般的农民的权利都被剥夺过。所以，我永远不会得意忘形，成绩越大，越是严格要求自己。在一般人看来，我甚至有点谦卑，但是，我又感到本该如此。因为我血液里流淌的是“吾少也贱”的情结，我愿意以内心的谦卑来对待每一个面对我的人。在我的心里，人无高下，灵魂皆为高贵，“三人行，必有我师焉”。

【王登峰】更重要的是，经典之中的内容确实可以改变一个人的言谈举止。过去讲“腹有诗书气自华”，你心里装的东西多了，整个气质都会改变。

【陶继新】王司长，您说得太有道理了！心里装的经典多了，心态与气质都会改变，这就是经典之“化”的神奇之处。即使小孩子，如果读的经典多了，也会有一个文化定心。我曾经向您提到过一个名字——老咪。她的真名叫王筱菲。四岁的时候，她因买了一只“老虎的师傅”——猫，而自号老咪，从此，老咪的大名不断被一些媒体传播，人们也淡忘了王筱菲这个名字。她四岁开始作诗，八岁出版第一本诗集《因为太阳的缘故》，十二岁出版第二本诗集《把风雨做成标本》，甚至还出版了文言武侠小说等；十一岁接受电视台采访，畅谈《周易》之玄妙，令《周易》研究专家惊叹；初二在青岛大学举办《生而知之与学而知之》学术讲座，令不少的老师自叹弗如。当老咪从英国伦敦大学皇家学院毕业又蛰居美国，一心研究哲学与文学之后，又于 2009 年 9 月开始，在伦敦政治经济学院攻读人类学硕士。

当王筱菲还是青岛市市南区实验小学学生的时候，她在回答我的一系列提问时，就可以侃侃而谈，很有文采。比如当我问及她未来的打算时，她就不假思索地说道：“关键不在于以后干什么，而在于干什么爱什么，干什么干好什么。如果我以后当了领导，就做一个刘罗锅似的好官，为民做主，为民造福。如果以后当了一个诗人，就像李白那样胸怀博大，清逸脱俗，美诗妙文如黄河之水一样自天而来。如果我成了一名画家，就会用自己的笔将世界上的美一一描绘出来，奉送给千千万万的人去观赏。即便当了一名清洁工，我也会高高兴兴，将马路打扫得干干净净，给行人送去一份洁净与温馨。况且春天有温柔的阳光洒向地面，秋天有落叶轻轻飘来，那里有诗，有美。一个真正的诗人，对什么都充满了爱心，从什么里面都可以寻到美，干什么都有吸引力。”现在，她更加阳光，她对我说：“许多人觉得人生是一场必输的游戏，我却觉得人生是件稳赢的事情。因为这个过程原本就超越了是非，超越了功利，我们只是经历。如果只是经历，那么一切都会变成礼物。我们经历了伤心，因为我们经历了用心。我们经历了失去，因为我们经历了拥有。我们经历了生命，我们也必然会经历死亡。但如果我们了解这个过程，不会再执着于伤心、失去与对死亡的恐惧，那就会全然地体味当下的用心，当下的拥有，当下的生命。”

那么，老咪为什么会有这样好的心理状态呢？因为她从小就爱上了经典，六岁时，她将《千家诗》一首一首地往下背，钱锺书注释的《宋诗选注》也一首一首地往下看。后来又读《唐诗三百首》《全宋词》《普希金诗选》《雪莱诗选》《李白全集》《杜甫全集》等中外诗词。同时读《红楼梦》《三国演义》《水浒传》《莎士比亚全集》《雪国》《老人与海》等中外小说，《人类在自然界中的位置》《趣味物理学》《趣味生物学》《时间漫谈》等自然科学书，也令老咪如痴如醉；至于《周易》《查拉图斯特拉如是说》等哲学类书，更令其心驰神往。

在 2020 年 12 月中旬由《教育名家》编辑部主办的“第十二届名家人文教育高端论坛暨名师课堂研讨会（中学）”上，王筱菲在做《童心即天心——易学启蒙的探索与实践》讲座时，让所有听者惊叹不已。一个三十多岁的女子，何以对《易经》研究得如此深透，又有着那么多的生命感悟。面对台下即兴的提问，她在用诗的语言回复的时候，理性的光华也在不时地闪耀，以至有的教师认为这是自己有生以来听的最有水平且感受最深的一场讲座。所以，老咪不管是在国内还是国外，不管是与一般百姓交谈还是与高官大师对话，都能从容自若，侃侃而谈。人们总可以从她的身上，感受到一个有思想有文化有品位的女性的特殊气质。而她在平时言谈话语和论坛讲课时，不但彰显出了她那卓越的才华与超人的智慧，还在“随风潜入夜，润物细无声”中，向人们传递一种积极的正能量。让人感到如沐春风，心灵也步入到了宁静致远的境界之中。

一个人有没有修养、有没有气质，很重要的一点在于不论在任何时候、在任何境况下对于任何人，一定要给别人传递正能量，这就要求一定要有好的情绪，当你把好的情绪传递出来时，别人也会被你的快乐情绪所感染。不仅如此还要能从别人身上寻求正面能量，而且能温和面对他人的缺点。这本身也是一个道德问题、修养问题。

现在一些青年教师总是想着如何出名，心里也就浮躁起来了。我在给老师们讲课时经常说，年轻老师有一笔伟大的资本，就是年轻。你们希望成为名师无可厚非，但千万别急，急了以后就会成为速成产品，我主张厚积薄发，大器晚成。我当了十年农民，从种玉米中感悟到了成功的要义。为什么呢？当玉米有了充足的水分与肥料之后，就会疯长起来。可是，大风一吹，有的就倒了；即使不倒，尽管长得很高，可是，秆细而玉米棒不大。怎么办呢？就要不断地锄地，将其表层之根锄掉，让其根往深处扎。另外，我还想了一个办法，就是移苗。将原本很好的玉米苗连同根系一起挖出来，移植到另一个地方。结果，太阳一照，半死不活。为了生存下去，它只好拼命地将根往深处扎。一段时间后，由于根深，枝叶也茂盛起来，虽然长得不如别人的玉米高，可是，玉米棒却又粗又大，大大超过了别人的玉米。而且即使大风大雨，它依然挺拔而不倒。很多农民到我的自留地参观，向我取经。我说，我是在“蹲苗”，即限制它成长，当下的限制，就是为了让它更好地成长。其实，人也是这样，要想不做昙花一现的名师，而做长久的名师甚至大师，就要很好地“蹲苗”。一旦有了丰厚的文化积淀，不想成为名人也办不到。但必须要经历这个“蹲苗”的过程，这就是天道。种瓜得瓜，种豆得豆，种瓜得不了豆，种豆得不了瓜。当你拥有了足够的积淀以后，它必然就会有果。《周易》中有一句话：“积善之家，必有余庆；积不善之家，必有余殃。”是的，其实人的整个命运都在这个“积”里。如果有的人积的是满脑子的名利欲望，终有一天会被欲火烧身；相反，如果“积”的是德与才，终有一天会成名成家。

【王登峰】您讲的“蹲苗”，其实有很多这样的例子，比如盖房子，地下那一块看不见，如果没有地下那一块，房子就盖不起来。另外就是养水仙，很多人在冬天把水仙放在阳光下养，它很快就疯长，但是开不了花，因为养分都被苗吸收光了，水仙养得好的永远就是那么高，但花开出来很好。

其实说的疯长就是速成，包括现在有很多速成产品，为什么我们喜欢吃土鸡，不喜欢吃催肥的？种菜的也是这样，野地里长的，现在都喜欢吃野芹菜，不喜欢吃那么粗的芹菜了，其实这是一种相互对立的价值理念，现代社会人们总是用奥运精神要求自己，更快、更高、更强，但更快、更高、更强得有底蕴才行。我们现在是拼命往某一个方面催，整个根基扎得不稳，只要根基扎得稳，不论是种玉米还是种水仙，根基扎好了它都能长得好。但如果根基没扎好，只为了眼前的昙花一现，就会把所有的基础都毁掉，对于植物来讲它就是赝品，对于一个人来讲，他的人生就会变得很可惜。

过去我们说一个人，嘲笑他只有理想没有本事，叫志大才疏。可是我觉得现在很多人是才大志疏，不是说他的基本功扎实，而是他会很多东西，什么都要去尝试，什么都会一点，最后要么是没有高的追求，要么是想做好哪一点都很难。

【陶继新】没有经典文化之“积”，就不可能有成为名师之果。而有的人一心想着成为名师，可是，没有在“积”上下功夫，结果还是与名师终生无缘。

大国人格，经典涵养

铸就高尚人格

【王登峰】正如我在序言中所说，这些年我一直在研究中国人的人格，其实这个问题西方人最早开始研究，他们提出了人格的结构、特点。我在研究中国人人格时发现了一个最重要的特点，就是处世态度。这里面包括两个方面，第一是追求成功，第二是淡泊名利。这两者正好矛盾。这在西方心理学里是不能够被认可的，一个特点必须一致，怎么出了两个，而且是对立的？当时看到结果我们也很吃惊，但仔细想一想，这正是中国人的特点。追求成功和淡泊名利这两个特点正是儒家和道家的主流思想，儒家强调修身齐家，但落脚是在“治国平天下”，要建功立业。而道家说，建功立业其实都是虚的，最重要的是你能不能按照自己的想法自由自在地发展，如果这个社会上每一个人都可以自由自在地发展，这个社会的功德就圆满了。

从这个特点我们就看到，其实在中国人的内心世界、处世态度里，儒家和道家思想在同时起作用，而且不管在什么环境下，只有这两条并存，一个人才能得到幸福。很多来自农村的进城务工者，看上去他们活得很艰苦，干的是最苦最累的活，收入又很少，但他们的幸福感可能很强。一个进城打工的小女孩给她妈妈打电话，电话里特别高兴地说：“我发了第一个月的工资，给你买了一件礼物，给我弟弟交了学费，还给我爸爸买了化肥，我现在还剩了一点钱，给自己买了条花裙子。你知道吗？我这个月发了七百块钱的工资。”高兴得不得了。可有人一个月挣七千、七万，他一点都不高兴，觉得我怎么挣这么少！

同样的，对待成功的态度大家也都不一样，有的人只要努力了就能成功，如果不努力你成功不了，对这样的人来讲，应该是积极追求成功，可是在我们的社会里永远都有另外一种人，他们不管怎么努力，成功的概率都小极了，这些人怎么能够幸福生活？就是既追求成功，但又能够接受现实，就是要淡泊。中国文化对每一个人都关照到了，那些有条件把事情做好的人如果不努力，你的成功就小，你不会幸福，越努力，你的成功就越大，就越幸福；对另一些人来讲，尽管我做了那么大的努力，还是没有成功，但我也心安理得，所有的人都是幸福的。

在老子看来，每一个人，如果你生下来是棵树，那你就安安心心做树好了，如果你想成为草，那你永远会不幸福。你生下来就是草，你就安安心心地做草，如果你想成为树，你也会不幸福。中国文化恰恰是让每一个人都能找到自己的原点，能找到自己努力的方向，同时在努力的过程里还有一种心灵慰藉：每个人都是幸福的，而这种幸福不是按照外在标准。那个小姑娘辛辛苦苦工作一个月，挣了七百块钱，她激动得不得了，这就是中国文化：各安其位，各得其所，同时又给每个人成长和发展的空间。通过诵读经典，如果每个人都能够感受到这些，并把这些变成自己的价值理念、人生追求，我想这个社会就会更加和谐，每个人也会更加幸福。

【陶继新】如果将儒释道三家文化中最精华的力量吸收进来，这个人就真正精彩了。刚才说到了追求成功，生命即学习，孔子一生都在学习践行着他的“仁”道主义追求。日本著名浮世绘画家葛饰北斋在古稀之年曾说：再给他十年，他会成为一名伟大的艺术家。西班牙画家戈雅在他七十八岁时已经体衰耳聋，他却说：我还在学习。可见古往今来的大师，他们一生都在不断地追求更加卓越，让自己的人生更加圆满。践行着生命即学习之道。作为一个人来说，包括我本人，也不是不追求，只是追求的路径不一样。我想，一定要把中国最优秀的老师、学者和专家都采访了，都写成报道或其他形式的文章。尽管现在我已经写了一千多万字的作品，可是“江山代有才人出”，我是永远写不尽的。但我还是要写。从2009年5月份开始，《中国教育报》开设了一个栏目——“陶继新对话名校长系列”。从2009年12月份，又给我开设了一个栏目——“陶继新对话教育局长系列”。那么，这是不是成功呢？我不管，写的时候就感觉很好。因为写的过程就是开启智慧的过程，所以写的时候我在享受当下的心灵愉悦。

为什么选取了对话这种体裁呢？因为二十多年来，我已经先后采访过近百个校长与学校，个人专门采写校长与学校的书出了也不止一本，而且在社会上产生了一定的影响。可是，这些书中的作品，均属通讯体裁。我不想一直重复这种单一的形式，试图寻求一种新的“突破口”，于是就有了这种对话体的诞生。

对话体文章由于多属“即兴”作品，所以，也更活泼。由于一旦“棋逢对手”，灵感便频频闪现，甚至有了以前通讯作品中鲜见的生气乃至深刻。这并不是说自己多么了不起，而是我往往被我的“对手”激活，使我不经意间思路大开。不过，我的对话文章并非全然精品，有时对话双方一时进入不了状态，有些对话内容就有了不尽如人意的缺憾。但是，我并没有进行过多的修改，有意保留了这份真实与自然。以前我也曾强调过修改的价值，可是，当老子的“道法自然”走进我的心灵之后，我就特别崇尚起真诚与自然来。所以，面对这些缺憾，我并没有感到羞愧，而是更好地学习，以期对话出更有价值的文字来。这是一种生命常态，只要你一直追求，一直往前走，就会成功，从某种意义上说，甚至失败了也是成功，因为“失败者，成功之母也”，它是成功前的热身与前奏，所以要有这种积极的心态，因为人的一生应该是一个不断奋斗的过程，我们不能安坐于所谓取得的荣耀之上，必须前进，不走对不起别人，更对不起自己。

数年之后，这两个对话栏目停用，可我写文章却并未停止。从 2019 年 3 月起，《中国教育报》又开设了“陶继新论道名校”栏目，既有通讯文体，也有对话形式，而我的写作速度与质量也越来越高。

另外一点，道家主张清静无为，淡泊名利。我非常欣赏老子说的一段话：“五色令人目盲，五音令人耳聋，五味令人口爽，驰骋畋猎令人心发狂，难得之货令人行妨。”（《道德经 · 十二章》）我们看到外面的世界，眼耳鼻舌身意的欲求，太想要了。但在老子看来可能就不是这样，别人认为最美最绚丽的东西，他却要退避三舍。正如老子所言：“众人熙熙，如享太牢，如春登台。我独泊兮，其未兆，如婴儿之未孩；儽儽兮，若无所归。众人皆有余，而我独若遗。我愚人之心也哉！沌沌兮，俗人昭昭，我独昏昏。俗人察察，我独闷闷。澹兮其若海，飂兮若无止。众人皆有以，而我独顽且鄙。我独异于人，而贵食母。”（《道德经 · 二十章》）在生命成长过程中，老子认为名利的价值太小了，甚至是有害的，主张不要它。所以，在做好事的时候，千万不要想着我要留名，想着我做了很多好事，别人应该感谢我，那等于你没做。佛陀说：“菩萨于法，应无所住，行于布施。所谓不住色布施，不住声香味触法布施。若菩萨不住相布施，其福德不可思量。”他还说，要“无我相，无人相，无众生相，无寿者相”（《金刚经》）。这与老子所说的“善行无辙迹”有异曲同工之妙。做善事好事的时候，不要留下任何痕迹，一旦有做好事想留名的心态，可能你做了好事都不一定感到幸福，即“施恩勿念品自高”。如果做好事只是想着让别人知道，那就不叫做好事了。实际生活中我们很多人做好事时其实夹杂了自私的动机，所以我们行为的结果就会被意愿之不纯所影响，心性也没有得到很大的提高，进而遇到事情时很容易为现实所缠缚或染污。看来，我们要不断地学习经典，生命才能进入到一种良性循环中。

包括我的一些熟人、孩子和老师，他们在学习经典的过程中，认为最大的受益就是人格的提升，人格的提升比什么都重要，一个没有高尚人格的人，不管他有多大的成功、成就，都不行。所以我有一个观点，如果学习经典没能使你人品更好、人格更高尚，就等于没学。正如教育一样，如果教育没有把人教好就是教育的失败。

明朝有一位大思想家、教育家、军事家、政治家，叫王阳明，他在生命经验中体悟出来的"灵丹一粒""正法眼藏"，就是"致良知"。这是《大学》"致知"和《孟子》"良知"的有机结合，系他"千古圣贤相传一点嫡骨血"。那么，什么是良知呢？良知就是天理，良知是自性之近邻，是我们内心的源头。致良知就是通过主体的自我道德修养，从而合乎天理，体认良知。正如他本人所说："见父自然知孝，见兄自然知弟（悌），见孺子入井自然知恻隐，此便是良知。"因为这是自然而然的，是合乎天理人情的，又是高尚的。后来，他的弟子问他这个学问、那个学问，他就不再讲了，他对他们说，你不要再问我这些问题，我告诉你，就是三个字，致良知。把这个问题解决好，其他一切就都好了，即做人做好了其他事情都能做好。正所谓教育的目的就是教会做人。我们看看孔子的求"安"（国泰民安）、孟子的求"悦"（人人皆悦）、荀子的求"治"（天下大治）以及墨家希望建立"便宁无忧"的理想社会。古代圣贤的共同理想都是建立一个天下太平和谐的理想社会，而理想社会需要具有理想人格的人来实现，所以关注实现理想人格是人生价值观的最终归宿，也是教育的最终归宿。可见古代传统文化的教育重点还是关注人格的提升。

【王登峰】中国文化特别重视"德"，德是什么？根据甲骨文的字形，这个字的直接含义就是到了十字路口往哪儿走。往眼睛正前方走，不要走邪路。2008 年在纪念改革开放三十周年大会上，国家领导人在讲话中有一句"不折腾"，这句话难坏了翻译，翻译成英文是什么？我们大家都理解"折腾"是什么意思，但说不清楚具体的含义，所以最后用了一个词"no distract"，意思是不要走邪路，"不折腾"翻译成英文就是不要走邪路、走弯路，和甲骨文的“德”字是一样的。中国人崇德，中国人讲的道，讲的人生的真意和价值都在这个字里。

【陶继新】王司长所说的德之要义之一就是“不要走邪路”很有道理。孔子就主张，一个人在道德感情上要克制那些不合于“仁”的邪念，那就需要确立合于“仁”的道德观念。一个人如果具备了求仁的意志，就可以求仁而得仁：“我欲仁，斯仁至矣。”（《论语·述而》）“志士仁人，无求生以害仁，有杀身以成仁。”（《论语·卫灵公》）意思是，宁可牺牲生命来保卫仁的原则，不可贪生怕死而损害仁的原则。这种道德追求不是扮演圣洁，而是自我修养的必然，这就是孔子对树立道德观念的明确要求。

【王登峰】我们现在强调读经典，其实就是看到了这样的价值，每一个人在读经典的过程里都可以从中感受到自己的变化。比如我们每一个人都面临着这样的问题，到底怎么体现自己的价值。西方人有一句话“报上谈到我，故我在”，我的价值在什么地方？越多人知道我，我就越有价值，但在中国文化看来，这个东西重不重要呢？重要，但不是最重要的。《荀子·劝学》里讲“玉在山而草木润”，这个山上只要有玉石，草木都会跟别的山不一样；“渊生珠而崖不枯”，水里有珍珠，山崖也不会枯萎。在中国，只要你有真才实学，只要你有真本事，不用张扬，大家都能看得出来。只要你加强修养，每天做着对社会有益的事情，想不出名都办不到，大家一定会看到，虽然你的珍珠藏在水底，但人家能从岩壁上看到；本事到了以后，随便拨一下琴弦，水里的鱼都会浮上来听。这是一种中国文化理念，不追求显达，你反而就显达了，不追求那种有形的、外在的、客观的东西，只是朝着我的理想努力，这些东西你不要，最终都会加到你的身上。

西方人的文化是“你不要就得不到”，但中国人是“我要，但我也知道我需要干什么”。现在社会浮躁就在于这儿，大家恨不得两天就做出一件大事，做出一件大事以后第二天还做另一件，我觉得就是受到了西方那句话的影响“报上谈到我，故我在”。中国文化强调的是要积累，要不断努力，就像陶老师刚才讲的，每天进步一点点，最终你会成为众人仰视的对象。但如果你每天都想今天有多少人仰视我，今天能不能多一点，如果是那样，你永远都不可能成为众人仰视的目标。这是一种人生追求，也是一种生活智慧，而这一点不读经典是不了解的，因为现在社会上很多人都受到西方的影响，读经典是抑制这个社会浮躁心态的一剂良药。

【陶继新】中国传统文化主张“君子爱财，取之有道”，这个“道”，就是正道，就是合乎道德。所以，孔子说：“富与贵，是人之所欲也；不以其道得之，不处也。贫与贱，是人之所恶也；不以其道得之，不去也。”（《论语·里仁》）意思是说，富裕和显贵，是人们都想得到的，但是不用正当的方法得到它们，就不应该享受的；贫穷与低贱，是人们都厌恶的，但是不以正当的方法摆脱它，就不应当摆脱。现在的问题是，有的人不用正道去博取名利。有的人则关注的是闻名，而不是通过正道。即使如孔子的弟子子张，也是想尽快出名的，他曾经问孔子：“士何如斯可谓之达矣？”意思是说，士怎样才可以叫作通达？孔子就问他，你所说的通达是什么意思呢？子张回答道，在国君的朝廷里必定有名望，在大夫的封地里也必定有名声。于是孔子就对他说：“是闻也，非达也。夫达也者，质直而好义，察言而观色，虑以下人。在邦必达，在家必达。夫闻也者，色取仁而行违，居之不疑。在邦必闻，在家必闻。”（《论语·颜渊》）意思是说，这只是虚假的名声，不是通达。所谓达，要品质正直，遵从礼义，善于揣摩别人的话语，细察别人的脸色，经常想着谦恭待人。这样的人，就可以在国君的朝廷和大夫的封地里通达。至于有虚假名声的人，只是外表上装出仁的样子，而行动上却正是违背了仁，自己还以仁人自居不惭愧。但他无论在国君的朝廷里还是大夫的封地里，都必定会有不好的名声。所以，孔子认为，一个君子，应当“不患人之不己知，患不知人也”（《论语·学而》）。就是说，不要担心别人不知道自己，而是害怕不了解别人。其实，只要品德高尚，多做好事，学识渊博，又有悟性，就会像您所说的那样，想不出名都办不到。

【王登峰】我也确实相信陶老师刚才讲的，读完经典以后心态平和了，不为一时一地的得失每天忧心忡忡，每天想我的事业是不是有进步，我做的事业是不是比以前更有分寸，我觉得这就是很好的例子。你过去写一篇一万字的文章要五天、要一个礼拜，现在两三天就可以完成了，这是一种人生境界，虽然你并没有去追求那个外在的奖励，但这丝毫没有影响到你在整个领域里的影响力。

有人说陶老师是经典诵读“教父级”的人物，这不是随便说的，正因为你身体力行地去做了，所以大家认为你是这样的。心态平和了，你想不闻达都做不到，大家都能看到，这是中国文化最高的智慧。相比西方文化，西方人就是一是一，二是二，我得到这一块就是真得到了，但在中国人看来，有时候得反而是失。同样的，中国人做的事情看上去好像是在失，但实际是在得。比如有人不理解你，你写了那么好的文章，填个表就可以出名、得奖，为什么你不去做呢？在他看来这是得，但在您看来，有这个工夫还不如再读几本经典，再多写一点东西，这是从个人角度出发的。中国文化最重要的价值理念就是你不要跟别人比，跟你自己比就好了，你跟别人比，用老百姓的话来讲就是“人比人，气死人”，这是有道理的，因为每个人的天赋秉性不一样。正如老子认为的那样，你去追求虚名干什么？就按照自己本来的愿望去发展就好了，本来的愿望，那就是道啊。每个人都按照自己的天赋秉性，按照自己的理想和愿望走自己的路，最后都会被大家接受，相反，你只是追求被大家接受，可能最后没几个人能接受你。读经典对个人来讲确实有非常重要的价值，而对这个国家，对这个民族来讲，也是我们传承文化的重要途径，有百利而无一害，真是值得大力提倡。

【陶继新】刚才王司长所谈，我很有同感，读了经典，人是可以改变的。如果不变，就等于没有读好。人应当在经典滋养中提升人格与智慧。孔子说：“君子求诸己，小人求诸人。”（《论语·卫灵公》）君子时时刻刻要求自己，小人却时时刻刻要求别人。一个人能否成名，自然与机遇等有关，但是，关键在于个体的思想与文化积淀，可以说，一个人的一生，就是不断积淀思想与文化的过程。孔子说："吾十有五而志于学，三十而立，四十而不惑，五十而知天命，六十而耳顺，七十而从心所欲，不逾矩。"（《论语·为政》）除了从十五到三十岁是十五年一次重大的生命飞跃之外，此后每十年都有一次生命的飞跃。为什么有这个飞跃呢？除了他的人生经历之外，就是不断地研习经典。他看《周易》，竟然"韦编三绝"（《史记·孔子世家》）；他认为，"加我数年，五十以学易，可以无大过矣"（《论语·述而》）。所以，不要急于求成，不要太过追求名利。孔子说："无欲速，无见小利；欲速则不达，见小利则大事不成。"（《论语·子路》）可是，现在人有的人就是想速成。但是，任何速成品都是容易夭折的。

在经典之中获取智慧

【陶继新】犹太人占世界人口的千分之三，但他们获得诺贝尔奖的人口数量占了世界的百分之二十。这是非常值得我们深深思考的。犹太人对于经典的亲近在世界上都是罕见的。在传统的犹太社团里，儿童很小就接受读经教育。根据犹太经典的规定：儿童六岁开始学习读经，最通用的教学方法就是背诵，不管是否理解，先得熟读成诵。犹太人的儿童教育尽管是超世俗的，浸润着浓厚的宗教神学气氛，但正是这种早期教育的封闭性和传统性特征，才能使四处漂泊的犹太人抗拒驱逐的压力与同化的潮流，使其不被同化不消亡，并保持这个民族特有的谦逊、诚信、勤奋、好学、自信等高贵的品质。而且，犹太人的女性即使工作再好、薪水再高，生了孩子以后一般就不工作了，她的主体任务之一就是教育孩子。

【王登峰】相夫教子。

【陶继新】犹太人热爱读书学习可谓历史悠久。在古代，不少犹太人的墓地里常常摆放着各种书籍，因为他们相信，在夜深人静时，死去的人会出来读书。为了培养孩子读书的习惯，在每一个犹太人的家庭中，当小孩稍微懂事时，母亲就会翻开《圣经》，滴一点蜂蜜在上面，然后小孩则去吻《圣经》上的蜂蜜，这个仪式的用意不言而喻，让孩子从小就知道书本是甜的，读书对人生大有裨益。犹太人总是不厌其烦地向孩子灌输这样的道理：生命有结束的时刻，读书求知却永无止境。犹太人家庭还有一个世代相传的传统，那就是书橱一定要放在床头，要是放在床尾，会被认为是对书的不敬，会遭到人们的鄙视。犹太人爱书但从不焚书，即便是一本攻击犹太人的书，也不会遭到被焚毁的厄运，这也从一个方面看出犹太人的大度。古往今来，犹太人家庭的孩子，几乎都要回答这样一个问题："假如有一天你的房子被烧毁，你的财产被抢光，你将带着什么东西逃命？"如果孩子回答是金钱或钻石，母亲将进一步问："有一种没有形态、没有颜色、没有气味的宝贝，你知道是什么吗？"要是孩子回答不出来，母亲就会说："孩子，你要带走的不是金钱，也不是钻石，而是智慧。因为智慧是任何人都抢不走的，你只要活着，智慧就永远跟着你。"因为智慧装在脑袋里，金钱装在口袋里。经典诵读，则可以增长人的智慧。经典之中的思想与智慧能够穿透时空而一直闪耀着光芒。确实是，如果没有经典的指引，人是不可能有智慧的。

在西方，科技已经变得非常重要，它甚至试图将每一样东西都转变成技术。包括现在的中国的应试教育，在技术层面可谓煞费苦心，因为就技术而言，它已经是登峰造极，但是它与智慧相比又是次要的，最重要的还是人类的智慧。知识和智慧不在一个层面，知识就是让人使用，智慧是反过来指导人生的，如果你仅有知识，看到一块石头就是一块石头，一粒沙子就是一粒沙子，但如果你有智慧之后，就可以从一块石头里发现一道风景，从一粒沙子里发现灵魂所系。

【王登峰】比如《道德经》，也许很多人觉得小学生就应该会背，但他不一定能懂，他是应背但不一定应会。

【**陶继新**】有的时候，读了经典，为什么不能运用自如？关键是不熟，如果背诵下来，特别是倒背如流的时候，就可以信手拈来。为什么说“熟能生巧”？大凡背得非常熟的经典，用起来就会比较自然。所以，我主张背诵。当我背诵一些经典之后，写起文章来，感到有了很大进步，说起话来，也多是言能及义。所以，我也希望自己的两个女儿背诵经典。我对她们说，你们一个山东大学文学硕士，一个中国传媒大学电影美学硕士。可是，在学校里所学到的东西毕竟有限，特别是对于经典没有太多的背诵。于是，我要求她们背诵经典。可是，她们虽然答应下来，总是坚持不下来。于是，我采取了一个办法，设立“家庭奖学金”。《论语》谁全背会了奖金一万元。有人说，陶老师你真有钱。她们已经大了，已经自食其力了还给她们钱。我对他们说，问题不在这里，比如结婚这种在一般人看来很大的事情，我都没有给她们两个钱，我觉得她们应当自己承担起来这笔费用。一个人真想发展起来，没有经典的支撑是不可能的。所以我就对她们采取了家庭奖学金的激励方式。《论语》一共二十篇五百章，我对她们说，背一篇奖励现金五百元，经我检查通过后，即可兑现奖金。结果，两人各拿了一万元的奖金。老子的《道德经》奖金是四千五百元。为什么呢？因为《道德经》八十一章，九九八十一，即背会九章就发奖金五百元。于是，她们各从我手里拿到了四千五百元奖金。据有关资料介绍，快速背诵《心经》可以开发右脑，我就对她们说，谁快速背会《心经》，奖金五百元。因为《心经》只有二百六十字，奖金不宜太多。而《周易》呢，我是这样规定的，背会《说卦》两千元，《序卦》两千元，《杂卦》一千元，《系辞上》和《系辞下》各两千元。我对她们说，我不会给你们找好的工作，也不会无故给你们多少钱；可是，我希望你们积累一大笔文化，从而实现文化升值。这比银行存款升值有着更高的含金量。

我的两个女儿背诵一段时间的经典之后，已经充分感受到了经典的无穷魅力。特别是大女儿，她是研究家庭教育的。目前在全国很多地方为家长讲课，反响非常好。因为她不仅阅读了几百本家庭教育的书，也不仅有教育自己女儿的经验，而且她还有一般家庭教育专家没有的中华经典的文化积淀。我认为，这是一个人的内功，一个人如果有了内功之后，做任何事情都会有定力，他身上积蓄的能量会从内在流向外在，所以做事情时都不会过分担心结果，结果是自然而然水到渠成的事情。反之如果没有内功则无法实现生命的飞跃。

【王登峰】确实，像您刚才说的您的两个女儿，首先从拿家庭奖学金到最后自觉自愿地作为一种个人需要来读经典，我觉得这种做法非常好，建议所有家长都能做到这一点，这是一句玩笑话，但《礼记·大学》上讲富润屋，德润身。首先让他生活过得好，在生活过得好的同时又加强了个人修养，确实体现了中国经典对成长的重要性。因此，在我们的学校里真的要想尽各种办法，不一定是奖学金，但营造各种有利于学习的环境是非常重要的。

【陶继新】我认为，亘古以来公认的经典名作，必须反复诵读，深入把握。比如《论语》，是可以读一辈子的书。不研究《论语》，就不能真正把握中国几千年的传统文化，也不能深刻理解古代中国人的内在的心境。所以要熟练背诵，深得要义。在诵读中，不仅要发现他人之所发现，还要发现他人之未发现，在自己心中形成一个完整的孔子思想体系，形成对《论语》“横看成岭侧成峰”的多元审视，完成对《论语》再认识的超越。能够懂得孔子的学说中，有很多思想体现了人类的普遍价值。诚如美国当代学者赫伯特·芬格莱特所说，他在孔子《论语》中发现的是“人类兄弟之情以及公共之美”。这就是在21世纪的今天，孔子的学说不仅受到中国人的重视，而且受到整个国际社会重视的原因。能够让孔子的思想与智慧驶入你的心灵世界，使你的身心完全自由，使你发生脱胎换骨似的蜕变。其实每个人都可以让自己的生命寻求到美，恰如植物寻求阳光一样。

那么，小孩子根本不懂文意，还需要背诵吗？需要。

中国唐代文学学会原会长傅璇琮曾结合自己的经历讲过这样一段话：

加强对古典文学名篇的阅读和记忆是尤为重要的。我小的时候，也曾在父亲和老师的强迫下背诵了一些还不能理解的古文，虽然当时不得要领，但随着年龄和阅历的增长，却发现那些东西已渐渐内化为自身的修养，成为思想的精髓。老舍的儿子舒乙先生也说，七八岁的孩子对《论语》《诗经》等古代文化经典作品都能背得滚瓜烂熟，虽然当时并不理解其中的意思，但到了小学五年级的时候，他们就慢慢地理解其中字词的意思了。他说，等到他们年龄大了以后，孩提时代在课本上学过的东西很多都忘记了，但唯独背诵过的一些古诗词耳熟能详，由此内化而成的自身的思想、性格与修养，更是如影随形般地跟随人的一生。中国古代几乎每一个时代都产生了让世界瞩目的大思想家、文学家，从春秋战国时期的孔子、孟子、老子、庄子、荀子、孙子、屈原，到清朝的大文学家曹雪芹，无一不是世界级的大师。他们用的就是最“笨”的方法——背诵。

孩子的背诵能力是远远超过大人想象的。开始时也许没有大人背诵得快，但一两周以后，其背诵能力就充分展现出来了，就会将大人远远地抛在后面。孩子背诵有一个特点就是记得快、忘得慢。大人正好相反，记得慢、忘得快。同时，当孩子以很快的速度记忆下来一些经典的时候，也会对自己产生一种心理认可。

如果在家庭、学校甚至社会上给其展示背诵经典的舞台，他们就会更加拥有自信，就会背诵更多的经典，就会给自己积淀一笔终生受用的精神财富。

经典教育是一个给孩子打童子功的过程，只有不随波逐流、不人云亦云，不怕非议责难，持之以恒地努力，方可见成效。只有功夫下得深，才会将来功夫高；当然，只要今天下功夫，就必将终身受益。

中华优秀传统文化承载了中华代代子孙对民族生存和道德的思考，它经过漫长的岁月，在一日日变得更古老之时也适应着历史与时代的变迁与发展，如果我们选择遗忘它，我们的孩子用什么回忆过去呢？

可是，有人认为幼儿主要的任务是玩，而不是学，更不是学习“之乎者也”

之类的古代经典，认为这是对孩子的摧残。甚至有的教育专家也对此说三道四，甚至说诵读经典伤害了孩子的大脑等。

湖南长沙诺贝尔摇篮教育集团并不这样认为，集团所属幼儿园让孩子们背诵了不少古代经典。开始的时候，也曾引起一些非议。可是，不管压力多大，诺贝尔摇篮人都一往无前。哥白尼说："人的天职在勇于探索真理。"诺贝尔摇篮人认为：教师的天职在勇于坚持真理，特别是在教学实践中坚持真理，因为实践是检验真理的唯一标准！

《孟子》云："自反而缩，虽千万人，吾往矣。"这是诺贝尔摇篮人的座右铭。是的，即使面对千万人的阻挡，诺贝尔摇篮人也勇往直前。个人的压力不算什么，孩子的成人成才才是根本。诺贝尔摇篮人坚信并且确信，爱"玩"是孩子的天性，爱"学"也是孩子的天性，片面地只强调孩子爱"玩"的天性，不承认孩子爱"学"的天性是错误的、有害的。古希腊亚里士多德在其《形而上学》开篇中即道："求知是人的本性。"作为人生之初的儿童，求知更是其安身立命之根本。

很多大人，往往用成人的思维来框定孩子的思维，认为孩子一点也不懂经典文本的意思，不可能背诵下来，即使背诵下来，也毫无意义。可诺贝尔摇篮人发现，幼儿背诵经典有其独特的优势，因为他们对形似图画的中国方块文字有着特殊的敏感，在孩子的眼里，那是一个个美丽的图案，记诵起来不但一点儿也不困难，而且妙趣横生……

2017 年，我在采访诺贝尔摇篮小学一年级 28 班邹霖颖的妈妈黄建红时了解到，她开始也认为这么难的古诗文大人背诵起来尚且非常吃力，如何能让六岁的孩子背诵？可没有想到，自己的孩子不但背得快，而且还背得轻松，背得快乐，背得幸福……作为父母，在背诵经典方面，跟女儿比已经望尘莫及了。不仅如此，邹霖颖还爱上了作诗，在邹霖颖的诗作《学诗》中，邹霖颖写道："唐诗百篇多诵读，流利背诵如水流。只要心中有诗意，指物作诗也容易。"她在梦中都梦到自己作诗，"睡眼蒙眬把诗吟，读诗写诗贵在勤。一首咏琴一首诗，乐当梦中小诗人。”邹霖颖的妈妈感慨万千，小小孩童，大胆尝试，让人欢欣！

一年级28班罗梓睿的妈妈彭银槐在接受采访时说，罗梓睿也很爱背诗和作诗。6岁的罗梓睿已经出了自己的诗集《初生牛犊》，爱画画的梓睿还给自己创作的诗配上了图画，天马行空的想象，初生牛犊的可爱，让梓睿的诗作与众不同。梓睿爸爸过生日，梓睿创作一首生日诗送给爸爸。梓睿和妈妈一起读诗背诗作诗，母子用一首诗表达了阅读诺贝尔摇篮《幸福快报》的感受：“快报捧手中，心中暖融融。过往摇篮事，历历眼前呈。金秋进农场，从小爱劳动。中韩音乐会，名人请进门。抗战纪念会，传承中华魂。昭山开新园，摇篮进莲城。经典都学会，稚童成诗翁。从小学国学，弘扬好传统。老师数折桂，学生都精英。诺贝尔摇篮，全国知其名。晓燕获大奖，理念得证明。置身好学校，自豪又高兴。师生齐努力，家长不放松。新年新起点，高奏更强音！”

其实，有些孩子也能理解经典的一些意思，并能“偶尔露峥嵘”。有一年，长沙市芙蓉路修路，建筑工地乱七八糟。诺贝尔摇篮幼儿园一个3岁多的孩子彭港突发奇想，请他妈妈用一个成语形容一下当时的路况。他妈妈苦思冥想，仍然说不出个究竟。妈妈问他：“你行吗？”他脱口而出：“一片狼藉。”

一日，诺贝尔摇篮幼儿园朱博莛的外婆带他买了早点（包子），年仅3岁的博莛非常懂事地说：“外婆，我来吃包子皮，你来吃包子心。”外婆说：“为什么呢？”博莛说：“‘融四岁，能让梨’，我三岁，让你吃包子心。”外婆听了，非常感动。没想到孩子不但能将幼儿园所教的《三字经》流利地背诵，而且还能活学活用呢！

当然，幼儿对于古代经典的理解还是浅层次的，有不少连意思都不懂，可这并不可怕。比如学习一个国家的语言，对于大人来说太难了。可是，两岁多的孩子就会说中国话了。从来没有一个父母说中国话太难学了，不能让孩子学说话了。中国话的确不容易学，可听得多了，不但会说，还懂了它的意思。这就是小孩子学习语言的妙道。如果不研究孩子的学习规律，一旦错过了语言学习的关键期，就会如《学记》所言："时过然后学，则勤苦而难成。"如果到了成年，即使用上几倍甚至几十倍的时间，也不可能背诵下这么多的经典。

为了让孩子拥有童子功，诺贝尔摇篮还号召家长与孩子共读经典，举办了家长诵读经典大赛。开始的时候，有些家长很不理解，可是，随着诵读的深入，他们不但与孩子共同背诵了很多经典，自己也因经典的润泽而提升了文化品位……

我曾应邀参加长沙诺贝尔摇篮教育集团举办的《经典教育让生命有根》报告会，我在会上做了发言；下午，我为诺贝尔摇篮的部分家长作了报告。这个活动给了我极大的震撼，家长们不仅背诵了很多经典，还兴奋不已地谈到自己与孩子学了经典之后的巨大变化。他们认为，经典教育是一件利在当下、功在千秋的好事情。他们中有人感叹道：把孩子送到诺贝尔摇篮读书真是占了大便宜，一个孩子上学，全家免费受教育……

2021年4月10日，在济南举办的"第十三届名家人文教育高端论坛暨名师课堂研讨会"上，湖南长沙诺贝尔摇篮教育集团副总经理、诺贝尔摇篮小学校长、诺贝尔摇篮幼稚园总园长阳玉涓做了《诺贝尔摇篮的国医、国学、国术教育与劳育和美育》的报告，引起了强烈的反响，让人们感到，当幼儿沐浴在古代经典之中的时候，也就拥有了非同寻常的美好。

在一次又一次与诺贝尔摇篮教育集团的接触中，我感到诺贝尔摇篮教育集团有一种舍我其谁的历史担当。诺贝尔摇篮教育集团认为，中国人不学中国传统经典文化是一件十分悲哀的事情。为了让教师、孩子及其家长能有经典文化的"功夫"，诺贝尔摇篮教育集团还"将上下而求索"……因为诺贝尔摇篮教育集团相信这样成长起来的孩子会有"真功夫"，这样成长起来的人生命之根会更深、更壮！

【王登峰】我甚至有一种理解，有时候经典中的一句话当时读的时候觉得理解得很透彻，但突然有一天想起来又会有完全不同的解读。

【陶继新】是的，有的时候，会突然有一种了悟的感觉。了悟、感悟和一般读书是不一样的，真正的大师都是有生命感悟者。一般人不会有特殊的生命感悟的。因为要形成这种感悟，必须有两个要件：一是亲近经典，二是生命经历。前者不是一般的亲近，而是终生亲近，而且要一以贯之；后者也不是一般的经历，而是与生命的大波折有关的甚至是生死磨难的遭遇。这两者汇合在一起，就会积蓄成一种特别的能量。它大都沉积在人的心里深层，一有机会，就会勃然而发。比如陀思妥耶夫斯基，他就要被执行死刑了。枪栓已经拉开，马上就要被枪毙。他的大脑一片空白，唯有等待死亡了。可是，就在这个时候，沙皇一道命令下来了——“流放西伯利亚”。于是，他就和一批强盗、罪犯，包括被陷害的善良之辈在一块儿被流放了。他的这种生命磨难是一般人都没有的。还有萨特、加缪等，也是蹲过监狱，受了很多磨难的。一切境界都有上苍的美意，就看你有没有智慧来转化成自己内心的力量。

有一则《泡茶的启示》的小故事，很耐人寻味。

一个屡屡失意的年轻人千里迢迢来到普济寺，慕名寻到老僧释圆，沮丧地对老僧释圆说：“像我这样屡屡失意的人，活着也是苟且，有什么用呢？”

老僧释圆如入定般坐着，静静听这位年轻人的叹息和絮叨，什么也不说，只是吩咐小和尚说：“施主远途而来，烧一壶温水送过来！”小和尚诺诺着去了。

稍顷，小和尚送来一壶温水，释圆老僧抓了一把茶叶放进杯子里，然后用温水沏了，放在年轻人面前的茶几上，微微一笑说：“施主，请用茶！”

年轻人俯身看看杯子，只见杯子里微微地袅出几缕水汽，那些茶叶静静地浮着。年轻人不解地询问释圆说："贵寺怎么用温水冲茶？"

释圆微笑不语，只是示意年轻人说："施主，请用茶吧！"

年轻人只好端起杯子，轻轻呷了两口。释圆说："请问施主，这茶可香？"年轻人又呷了两口，细细品了又品，摇摇头说："这是什么茶？一点茶香也没有呀！"

释圆笑笑说："这是福建的名茶铁观音啊，怎么会没有茶香？"

年轻人听说是上乘的铁观音，又忙端起杯子呷两口，再细细品味，还是放下杯子肯定地说："真的没有一丝茶香。"

老僧释圆微微一笑，吩咐门外的小和尚说："再去膳房烧一壶沸水送过来。"小和尚又诺诺着去了。

稍顷，便提来一壶吱吱吐着浓浓白汽的沸水进来。释圆起身，又取来一个杯子，撮了把茶叶放进去，稍稍朝杯子里注了些沸水，放在年轻人面前的茶几上。

年轻人俯首去看杯子里的茶，只见那些茶叶在杯子里上上下下地沉浮，随着茶叶的沉浮，一丝清香便从杯里袅袅地溢出来。

嗅着那清清的茶香，年轻人禁不住欲去端那杯子。

释圆忙微微一笑说："施主稍候。"说着，便提起水壶朝杯子里又注了一缕沸水。

年轻人再俯首看那杯子，只见那些茶叶上上下下，沉沉浮浮得更厉害了。同时，一缕更醇更醉人的茶香袅袅地升腾出杯子，在禅房里轻轻地弥漫着。

释圆如是地注了五次水，杯子终于满了，那绿绿的一杯子茶水，沁得满屋津津生香。

释圆笑着问道："施主可知道同是铁观音，却为什么茶味迥异吗？”年轻人思忖说：“一杯用温水冲沏，一杯用沸水冲沏，用水不同吧！”

释圆笑笑说：“用水不同，则茶叶的沉浮就不同。用温水沏的茶，茶叶就轻轻地浮在水之上，没有沉浮，茶叶怎么会散逸它的清香呢？而用沸水冲沏的茶，冲沏了一次又一次，浮了又沉，沉了又浮，沉沉浮浮，茶叶就释出了它春雨般的清幽，夏阳似的炽烈，秋风一样的醇厚，冬霜似的清洌。世间芸芸众生，又何尝不是茶呢？那些不经风雨的人，平平静静地生活，就像温水沏的淡茶平静地悬浮着，弥漫不出他们生命和智慧的清香。而那些栉风沐雨饱经沧桑的人，坎坷和不幸一次又一次地袭击他们，就像被沸水沏了一次又一次的酽茶，他们在风风雨雨的岁月中沉沉浮浮，于是像沸水一次次冲沏的茶一样溢出了他们生命的一脉脉清香。”

是的，人生若茶，我们何尝不是一撮生命的清茶？而命运又何尝不是一壶温水或炽烈的沸水呢？茶叶因为沸水才释放了它们本身潜在的能量，而生命，也只有遭遇一次次的挫折和坎坷，才能留下我们一生的精彩！

人生最宝贵的财富是你的各种经验，而这些经验有的从社会中获得，有的从书本中获得，有的从别人那里吸取，有的从自己的经历中得来……而人只有通过这些财富积累的能量才使得自己在这个变化莫测的世界中生存发展，但是很多时候财富往往都是伴随着很多打击和失败而来的，在获取这些财富时往往有着很多痛苦、悲伤。可是，很多时候，我们却沉浸在这些痛苦中而不能自拔，而忽略了最重要的东西。只有经历过大悲大苦的人才能把遇到的经验转变成能量，而只有这样我们才对生活的意义有透彻的领悟。

对于我们的内心之旅行，我们需要的能量不但要多，还要极为微妙与高明。换言之，大师之所以能够成为大师，就是把磨难看作是修炼自己心性的一个过程，让自己的内心积蓄足够的能量。所以，读经典，总有一种生命灵感在闪烁，即经历过生命磨难而又内心丰富愉悦交融而形成的心灵之光。这些，恰恰是经典文化与生命经历融合为一之后生成的一种文化奇观。但是，如果一个一字不识的人，即使含冤入狱几十载，因为与经典无缘，也难以形成生命感悟。相反，如果一个足不出户、天天坐在书斋里的大学问家，也难以产生多少生命感悟，因为他没有特殊的生命磨难。只有经典文化和生命磨难的有机结合，才能催生富有生命感悟的大师。世界上能够流芳百世的大师无一不是这样的。

我非大师，可是，我读了一些经典，也有了一些生命磨难，所以，有的时候，会对经典文本中的词句感悟出自己的观点来。比如老子所说的“柔弱胜刚强”这一句。真的是柔弱能胜刚强吗？我在农村当了十年农民，见一些老实巴交而又性格软弱的农民，几乎个个是在其村庄里受欺负的。后来到了济南市，有了工作，也觉得那些老实而又软弱者依然难胜刚强之人。这是为什么呢？是老子说错了吗？肯定不是。一天早晨，我上山锻炼，突然明白了——老子所说的柔弱者，不是真正的柔弱者，而是本来非常强大，但以一种柔弱外在形态呈现出来，那当然就可“柔弱胜刚强”了，正所谓“不敢为天下先”也。

树立中国文化自信心

【王登峰】整个社会如何营造一种对自己文化的关爱，对自己文化的珍惜，这是现在我们读经典、弘扬中国文化非常重要的方面，如果只是学校做，学生在学校里读经典，回到家里跟家人在一起就看那种毫无文化底蕴的娱乐节目，那有什么意义呢？怎样才能营造这种氛围？为什么那么多人热衷于过洋节？一旦西方人有什么提法、有什么时尚，我们都趋之若鹜？就是因为在骨子里我们对自己的文化没有信心，是因为在骨子里就觉得西方人的东西比我们好，所以从根本上来讲还需要观念上的转变。

现在我们提出弘扬中华优秀传统文化，首先要树立民族的自信心。当我们面对这个世界时，当西方人给我们定了各种各样的规矩、限制时，我们是一种什么样的心态来融入这个世界？现在经常讲一句话“和国际接轨”，这个“轨”是什么？

其实我们和国际接轨是找“共轨”，共同的东西，而有共轨就一定会有各自的特色，西方文化有它的特色，西方社会有它的特色，但有些东西跟我们的社会是可以一致起来的，我们把这部分接收过来就可以了，还要保留我们自己的特色，西方人独有的东西让他们去做好了，我们不一定都来做。

而现在我们讲的接轨就是把它的轨道全部接过来，有些东西包不进去就把它丢掉，还有一些东西我们没有就去拼命补，补来补去却把自己变成了“四不像”，因为你把自己的文化切掉，它本身就不完整了，再贴上一块和你文化不相容的东西，最后你剩下了什么？所以对社会文化的营造，在读经典上也是非常迫切的一项任务。

【陶继新】是的，应该“接轨”，不过，接轨要有一个接法，要有一个主次之分。我有一个比喻，中华优秀传统文化就像大树的根一样，我们需要吸收营养，但如果只是用西方的东西，那你自己的东西就会丧失掉。我们不能斩断自己的文化之根，而去接西方文化之枝。当然，我们并不是极端的民族主义者，我们希望通过文明对话的方式与西方文化进行对接。

2004 年 10 月 2 日，我在山东大学邵逸夫科学馆贵宾室采访美国哈佛大学教授杜维明的时候，他谈了下面一些观点——文明对话不完全依靠科学技术的资源，而一定要有非常深厚的文化资源。文化资源来自人文学，文化之轻很难承载经济、科技之重，经济、科技的发展，必须是金字塔式的发展，它要有深厚的文化底蕴。不必等到经济强大以后，科学技术进步以后，再来解决文化问题。“科教兴国”中的“教”和人文学中基础教育怎么结合？当然首先应该解决社会的“文化功能”。而从弘扬中华民族文化，重塑文化的自信心角度讲，与世界的“文明对话”就显得更加急迫、重要。（参见陶继新《对儒家人文精神的多元观照——美国哈佛大学著名学者杜维明教授访谈》，《中国教育报》2004年11月11日第5版）我想，我们在与西方文化对接的时候，须有自己的文化资本，不然，我们就会在这种碰撞对接中失去自我。那么，怎样才能有这种资本呢？就要具备相对深厚的经典文化功底，这样，才能既不会失去自我，又可以吸纳西方的文明成果。

【王登峰】其实这里面有一个特别重要的问题，就是我们对自己文化的信心。为什么那么多企业家愿意学习西方的管理模式，那么多青少年愿意接受西方文化的传统习俗，很重要的一点就是我们到底怎么看自己的文化。其实我觉得这里面有一个最重要的问题，就是中国文化和西方文化本质上是不同的文化。中国人几千年以来在这种文化的熏陶之下形成了自己的一套价值体系、思维方式以及为人处世的行为、理念，这些东西在改革开放初期就已经看到了巨大的反差，到今天的时候，我们可能就要重新回顾一下到底中国文化到了今天还有没有继续传承下去的必要，实际上这就涉及从中央到普通老百姓都在关注的如何构建中华民族共有的精神家园的问题。

这实际已经点明了，我们还是要按照自己的传统思路、做法往下走，但和过去相比不是闭关锁国，不是排斥一切，而是在吸收外来文化优秀的、有价值成分的同时按照自己的路往下走。首先我觉得我们要树立一种文化自信心。

【陶继新】拥有民族自信心和文化自信心应当是在情在理的事情，因为经典思想是可以穿越时空的。掌权者可以是思想者，思想者也可以是掌权者，可用权力推行思想，也可用思想驾驭权力，但最终还是权力层消亡，留下的仍是内核——思想。孔子、老子、孟子等都没有多少权力，而只有思想。但从古到今，乃至将来，却永远地产生着巨大影响。它是无限的，是永葆生命活力的。思想的影响以人们的主动接受和内化为前提条件，是一种软工具，无声无息，潜移默化，却魅力无穷，像磁石一样吸引着人们为之倾倒，为之去奋斗，去牺牲。它是一种最高的智慧，绚丽多姿，美丽动人。所以，中国的孔子、老子等人的思想，不但在中国落地生根、开花结果，也逐渐地走向世界。不是吗？孔子的“己所不欲，勿施于人”，已经写入法国的宪法；前面提到的诺贝尔奖获得者称：人类要解决21世纪面临的问题，就应当到东方孔老夫子那里去寻求智慧；德国大哲学家黑格尔对老子的思辨之术大为赞赏；德国特里尔大学、荷兰莱顿大学、美国哥伦比亚大学、哈佛大学等都开设有攻读朱子学博士学位的研究院；日本学者汲取了阳明学中的“诚意”“笃行”的知行合一功夫，使阳明学在日本得以广泛推行。如此等等，说明外国人越来越看到中国文化的可取之处，越来越重视中国传统文化。我们为什么没有自信了呢？我认为，不但要有，而且要大张旗鼓地传承与发扬中国传统文化，让经典更加彰显出它的魅力。

【王登峰】曾经有人讲，中国文化是农业文明，适合在农业社会里，要集体合作，强调人和人之间的和谐相处，而在现代社会，每个人都要表现自己最好的一面，只要在某一方面做得好，就能有自己的立足之地，而这正是西方文化最看重的价值。但这种看法其实是错误的，如果你把中国文化看作农业文明，把西方文化看作工业文明，就是按照年代来划分，其实是没有道理的，关键是看中国文化在当今时代的生命力如何。我们谈到撒切尔夫人的一句话“中国不会成为世界超级大国，因为中国今天出口的是产品，而不是思想观念”，现在看来这句话并不准确，西方文化里确实有影响世界的价值观，中国文化里有没有？我们谈了这么多已经看到了，中国文化里很多的东西都是可以在现代社会里焕发生命光彩的。季羡林先生2009年去世了，他差不多在二十年前就提出了一个观点，21世纪应该是东方文化的时代。季老提了一个很重要的论据，他说中国文化最关注的问题是什么呢？当有着不同利益诉求的人、不同利益诉求的群体如何和谐相处。

换句话说，两个人在一起，每个人的想法是不同的，中国文化致力于让两个有着不同想法的人都能实现自己的想法，同时两者又不会有尖锐的冲突。季老讲，放眼世界，这么多战争，这么多民族矛盾，其实最重要的问题就是有着不同利益诉求的人、地区和民族如何和谐相处的问题。用季老的话来讲，中国人五千年吃饱了饭就想一件事，这件事就是怎么和有着不同利益诉求的人和谐相处。

当两种不同类型的文化在一起交流时，首先应该相互尊重。我们看到，在历朝历代，特别是在过去，中国文化在不断吸纳外来的文化，最典型的就是佛教中国化的案例。要以我为主，显示我们文化的自信。而现在我们对于西方文化可能更多的是一种顶礼膜拜，不加任何选择，不管是什么，只要是西方人说过的那就是好的，这种思潮在很多人心目中还是起到了非常重要的作用。我们现在弘扬中华优秀传统文化，构建中华民族共同的精神家园，必须得在这个问题上有明确回答，我们到底怎么看我们的文化，怎么样才能树立我们的民族自信心。

【陶继新】几千年下来，世界四大古文明之一的中华文化仍然存在，而不是像古印度、古埃及、古巴比伦等，他们的传统文化早已经中断消失了，这说明中华文化的生存力太强了，不管在任何情况下，经历再大的磨难都能生存下来。几千年的历史证明了这一点，到了今天还是这样，所以我们应当有这种自信心，这是毫无疑问的。

从某种意义上说，中国文化的吸纳力在世界上是独一无二的，它可以兼容并包。正如罗素所说："佛教并没有把中国人变成印度人，西方科学也没有把中国人变成欧洲人。"可见不管你用什么办法，都无法从根本上把中华文化消融、肢解。可是，中华文化却可以吸纳西方文化，消解西方文化。

儒家、道家、法家等诸子精髓，巴蜀、岭南、东夷、西域等地域灵气，统统汇聚在中华文化之中。这种魅力独具的传统文化历经数千年的撷英掇华，与时俱进，具备了吞天吐日的气度和高屋建瓴的自信，不但从不排斥外来文化，反而能像海绵一样吸纳人类的一切文明成果。

同时，中华文化具有极高的鉴别能力，佛教所宣扬的大慈大悲“菩萨行”和内外调和的处世思想，同中国社会的人文价值取向有许多相同或相似之处，两相贯通足以丰富我们的文化盛宴，所以，尽管受到了“三武灭佛”（北魏太武帝灭佛、北周武帝灭佛、唐武宗灭佛）的冲击，但还是被吸收过来，为我所用。

中华文化具有大气与包容的特征，所以并不与西方文化势不两立。在当今世界格局中，应当实现文明对话。

在20世纪90年代初，美国哈佛大学著名学者亨廷顿教授在他的著作《文明的冲突与社会秩序的重建》中曾断言，21世纪将是文明冲突的世纪。当然，冲突是不断的，可是，对话则是世界人民的共同诉求。我们认为，21世纪将是文明对话的世纪。

目前全球化趋势正激烈地加深根源意识并导致本土化的响应，地域、族群、宗教信仰、语言、性别、阶级、年龄的矛盾冲突屡见不鲜，有时甚至相当尖锐。但这也表明文明间理解、沟通与对话更为必要。我们正处于全球历史的起点，不是在目睹历史的终结。并且，从比较文化的视野来看，这个新起点必须被看作是文化对话的起点而非文化冲突的起点。

世界上不可能只有一个声音，也不可能只存在一种文化，文化应当具有包容性。文明要多元发展，即儒家、基督教、犹太教、伊斯兰教、佛教等的文明必须进行对话、进行参照。18世纪的很多欧洲思想家便以儒家的文明和中国的价值观作为重要的参考系。可以说，儒学的发展也是对西方文化挑战的回应。那么，儒学在21世纪是否还有生命力？回答是肯定的。

【王登峰】睁开眼睛看世界，还有就是一种独立的意识，一种尊严。中国人近代一百多年来一直受人家欺负，不但受人家欺负，而且我们的自信心可能也受到了影响，到今天我们真的应该树立起这样一种民族自信心和文化自信心，再来面对世界时我们才能心平气和，拥有平等的心态。我们不是说要高人一等，没有必要，中国人从来不这样，我们以一种平等的心态看待我们的文化，看待西方人的文化，看待我们的生活，看待西方人的生活，最后我们才能达到和世界的融合。

【陶继新】我们对西方的东西也不是完全不吸纳，完全排挤，但我们不能是完全的“拿来主义者”，不是照搬，也不是崇拜，在吸收它的时候看看可不可以吸收。现在的问题是，有的人不管是什么都顶礼膜拜，不管什么都是西方的好，甚至认为西方的月亮都比中国的圆。这显然是一种文化自信心过度缺失的表现。

这些年，好在中国文化在世界上的影响力大了很多。而中国人的文化自信心，也会随着文化的繁荣与发展，不断增强起来的。

【王登峰】2009年我在教育部语言文字应用管理司主持工作的时候，曾举办了第一届“中华诵”夏令营，每个省（自治区、直辖市）选三个孩子，小学、初中、高中各一个，一百多个孩子聚在一起干什么呢？两件事，读经典，写经典，带他们看各种各样的民俗表演，包括抖空竹，做年画，五天下来后，这些孩子最后在夏令营闭营时亲如一家。最让我感动的是，闭营式让孩子们一起站起来唱一首歌《中华诵》，就是把中国五千年的历史串在一起，最后一句是“一曲《中华诵》，又唱响了红旗”，这些孩子一边唱一边哭，最后下来喊了一句话，让我印象非常深刻，他们说：“我们再也不用羡慕别人的文化了，因为我们自己的文化真的是博大精深，太美妙了。”我们没有教他们你们要树立民族自信心，你们要有自信，当他们了解中国文化以后，只有五天的时间，他们就真的觉得我们的文化是非常美的，足以让世人羡慕，所以我们根本用不着羡慕别人的文化，我们自己的文化真的可以让我们非常充实，非常幸福，作为一个中国人我们很自豪。

从整个社会来讲，需要让大家有机会去认识和了解我们这个民族所创造的灿烂文化，直到今天它照样可以给我们力量，照样可以帮助我们在走向世界的过程中既保持自己的特色，又能够做得非常好，能够被世界接受。所以我觉得，民族自信心、文化自信心可能是我们现在做中华经典诵写讲活动首先要关注的问题。

【陶继新】看来，民族自信心应当从学生时代就要好好地培养了，您说的“中华诵”夏令营，无疑就是一种很好的载体。2009年和2010年，中国孔子基金会传统文化教育分会就利用学生暑假期间举办了“少年国学营”，我参加过一次。那么小的孩子，竟然背诵了那么多的经典。据这个分会的张卫东会长讲，由于诵读中华经典，很多孩子有了传统文化的根系，即使以后在接触外来文化的时，也会拥有自己文化的自信心。

儿童的吸收能力是最好的，犹如海绵一样，甚至可以全盘吸收，全部堆存在生命的深处，将来慢慢地发酵，就好像种子种下去一样，将来一定会慢慢生根、发芽、开花、结果。所以，为孩子一生谋划计，我们就要千方百计让孩子诵读经典，并让其对经典产生一种深深的心理依恋。而有了经典文化支撑之后，他们也就有了更大的自信心，也就可以在未来的发展中，具有真正意义上的竞争力。

PART 03

读经典之书

如果学校能够真正做到把经典渗透到教育教学的环节里，对学生的应知应会有一个界定；各行各业都用自己的方式来为文化弘扬做出我们的贡献，全社会都能够在自己的文化、自己的节日上多投入一些精力，不要被其他眼花缭乱的东西所困扰，这就是我们民族的幸事。

为经典诵读打开大门

营造诵读经典的氛围

【王登峰】弘扬传统文化，只有那么几个老师、几个校长、几个学生在读经典，有没有用呢？当然有用，至少对读了的人有用。但社会怎么推动？如果学校能够真正做到把经典渗透到教育教学的环节里，对学生的应知应会有一个界定；各行各业都用自己的方式来为文化弘扬做出我们的贡献，全社会都能够在自己的文化、自己的节日上多投入一些精力，不要被其他眼花缭乱的东西所困扰，这就是我们民族的幸事。只有当全社会都来关注我们自己的传统、自己的文化时，才能够被大家认可、接受，整个社会文化环境的营造才能做到。

现在很多领导、老师都已经认识到了这一点。甘肃庆阳市的经典诵读做得非常好，他们总结了一个经验：局长带着校长读，教育局的局长把中小学校长叫在一起读经典；校长带领老师读，校长再把老师们召集在一起，和老师们一起读经典；老师带着学生读，这很好理解；学生带着家长读；家长带着社区读。把读经典从学校放大到社区，从领导开始带头，校长、老师、学生、家长到社会，这就是读经典从学校开始做起所生发的非常好的效果。庆阳市党政领导在读了经典以后才真的体会到了读经典的重要性，所以他们也进一步支持、鼓励学校做经典诵读的工作，又通过学校诵读经典带动了整个社区、整个社会。实际上这是我们现在如何在学校里把教育做好的关键：学校要有这种氛围。学校有这种氛围，校长、教师应该首先认识到读经典的重要性和它的意义与价值，实际上真正做了这件事情后，你不让他做都不行。现在我们需要发动社会各界都看到这一点，这就是我刚才讲的问题，营造全社会关注中华优秀传统文化的氛围。

【陶继新】领导带头诵读经典，其效果会特别的好。孔子说：“君子之德风，人小之德草。草上之风，必偃。”（《论语·颜渊》）意思是说，在位者的品德好比风，在下的人的品德好比草，风吹到草上，草就必定跟着倒。大凡校长喜欢诵读经典的学校，教师整个群体也大都爱上了经典。在采访校长喜欢经典的学校里，我发现老师们也大多喜欢经典。因为校长带头背诵，大力提倡，才有了这样一种诵读经典的“场”。有这个“场”与没这个“场”是大不一样的。这个时候，诵读经典就成了一种自觉状态，一种自我追求，一种被人人视作“正业”的“正事”。

黄玉峰是复旦五浦汇实验学校的校长，可他不是一般的校长，而是一个学养极其深厚且影响很大的学者。他是中学特级教师、上海写作学会常务副会长、复旦大学社会科学高等研究院特聘教授、复旦大学高等教育研究所硕士生导师，长期从事中国传统文化尤其是古代诗人和汉字文字学的研究，在上海电视台纪实频道《文化中国》栏目主讲古代科举、李白、杜甫和苏东坡等系列专题节目。出版的书籍有《说李白》《说杜甫》《说苏东坡》《“人”是怎么不见的》《黄生养雀记》等。

有了黄玉峰这样钟情于中国传统文化的校长，复旦五浦汇实验学校的教育教学就有了丰富多彩的经典文化教育教学活动。2019 年，我到他们学校采访，对他们的行走诗教产生了深厚的兴趣。

从古至今，几乎所有的大诗人，都是“读万卷书，行万里路”者。因为满腹诗书只有与“行走”实践结合在一起，才能写出动人心扉和富有意义的佳作。对诗词创作深有研究的黄玉峰校长和老师们，在实施课程诗教的同时，自然也进行了行走诗教的探索。在黄玉峰校长的带领下，全校师生走出校园，到山村田野、名胜古迹等地，情动辞发，吟诗作赋，于是，一个个“诗人”横空出世，所写诗作也愈来愈多、越来越好。

不过，行走诗教并不是率性而为，而是具有“温柔敦厚”的特质。不能“太热”，让行走者成为一匹匹脱缰的野马，任其奔腾。为此，经由教师、学生和家长的共同研究，制定了一个研学流程，让行走诗教成为一种课程，并作为一项课题研究。为此，需要制定研学规划，编撰研学手册，还要行前培训，行后形成诗词集、论文集。

行走诗教中的每一项内容，既有文字述说，也有操作流程。比如行前的创作诗文的培训，都有专门的培训教师，制成图文并茂的 PPT，为学生开设讲座，对与行走诗教有关的内容一一进行培训。比如写诗需要掌握的三个原则：一是绝对不能无病呻吟，而要有感而发。二是不要故作高深，而要道法自然，通俗易懂。三要符合写诗的规则。这条较难，为此，便降低要求，减少规则，相对宽松，但要做到押韵，符合字数要求等。

有了这些培训，还要让学生拥有自信心，非常肯定地告诉他们，人人都能写诗，甚至人人都可以成为诗人。风华正茂的中学生，掌握了写诗的“诀窍”，又得到了老师们的鼓励，便一个个有了写诗的冲动。

一、触景生情，情动辞发

以前学生外出旅游，老师要其写篇写景类的文章，多是用记叙文或散文的体裁而写，而且常常是平铺直叙，少有文味。可现在不一样了，他们去庐山研学游的时候，学生触景生情，由情入诗，一双双想象的翅膀翱翔天空，一篇篇的诗作也便纷涌迭出。我们不妨看看八（3）班吴承璋所写的《庐山》——

山高雾环绕，流水比天高。

鸟鸣景色美，山静学子闹。

他笔下的高山流水、雾绕鸟鸣，静谧的秀山与学子的快乐之“闹”，合奏出一曲景色之美的乐章，让人生成一种如见其景、如闻其声的审美快感。同时，小作者的情感，也在写景的时候自然而然地流溢出来，这正如王国维所言：“一切景语皆情语也。”只有“登山则情满于山，观海则意溢于海”（刘勰《文心雕龙》）的时候，美景才能具有生命的动感，并让读者从景色的描写中，去触摸作者彼时彼地的情感跃动。

二、迸发灵性，立马成诗

黄玉峰认为，绝大多数的学生都具有作诗的潜质，只要为其引路入道、创设情境、激发灵感，就能让他们产生从不会作诗到学会作诗，从诗写得一般到写出好诗，从思维不畅到灵感迸发的跨越。

2018 年暑期的“君子养成行走研学课程”是江西之行。行至风景如画的江西九江时，学生已按捺不住心中的激情，灵感便自天而降，诗词脱口而出。且看徐静萱同学的《如梦令・九江晨景》——

晨驻江畔酒家，山似断虹天涯。云烟无归处，峰巅并肩朝霞。如画，如画，欲掩倾世风华。

这神来之笔，以至让不少老师想起孔子之言：“后生可畏，焉知来者之不如今也？”

三、陶冶情操，砥砺志向

诗歌不只可以抒情，也可以陶冶情操，砥砺志向。学生在游学行走中，瞻仰古代先贤，为其情操与精神所感动，便有了一首首积极向上的诗篇。

白鹿洞书院曾是大师讲学与辩论的文化教育学府，回想当年理学大师朱熹修复书院，并自任洞主，制定教规，延聘教师，充实图书，招收学生等情形，自是让人敬而仰之。且看冯雨伦同学所写的《游白鹿洞》——

五老峰下白鹿洞，人杰灵秀聚其中。
文公已去不复返，学规犹在似警钟。

这首诗虽少了含蓄之美，却不乏“志于学”之妙。也许这次白鹿洞之行，会让冯雨伦同学以朱熹为楷模，立下学习之志，走向一条人文之道。

而汪怡萱同学写的《游郁孤台》，则让我们感到有一种浩然正气在升腾——

郁孤台前石像立，目光炯炯辛弃疾。
早年英勇奋杀敌，晚年提笔写诗词。

辛弃疾一生命运多舛、备受排挤，可力图恢复国家统一的爱国热情却贯穿了其生命的始终，尽管壮志难酬，依然英气长存。汪怡萱游郁孤台有感而发，在对辛弃疾唱一曲由衷赞歌的同时，爱国的激流也在其心里激荡起来。

四、化育心灵，达观人生

中国历史上曾有一些诗人，历经磨难，九死一生，却处乱不惊，表现了极其豁达的人生态度和乐观主义精神，这种精神在其所创作的诗词中流溢出来，有的还成为千古绝唱。而目前很多中学生，恰恰缺失的就是这种态度与精神。中学生“学而时习之”，往往可以起到化育心灵、达观人生的作用。

在游览江西著名古迹八镜台的时候，老师们带领学生登楼观赏八镜台上的八景，学习苏东坡的《虔州八境图》（八首并序），并听了关于苏东坡人生的讲座。同学们从中了解到苏东坡是一位参透儒释道文化的大诗人，也是一位宠辱不惊的乐感文化的代表人物。王子怡同学有感而发，以“听苏东坡讲座”为题，赋诗一首——

东坡赣南作诗忙，句句豪迈又大方。
为人朴实又乐观，做人风格留橙乡。

就其艺术表现形式而言，这首诗难入好诗的殿堂，可是，其中流露出的对苏东坡达观精神的体悟，却又不失为一首有着积极意义的佳作。因为苏东坡特有的精神品质，已经镌刻在了小作者的心里。即使虽不能至，也已经心向往之了。

据黄玉峰讲，不只是学生写诗，老师也写诗，仅在江西之行中，他和副校长姜乃振，以及数学老师刘宗三、唐晓春，物理老师杨晓胜，英语老师俞奇凡、张斌斌，语文老师陈燕，生物老师高海艳，体育老师王玉志，以至家长义工冯俊佳的妈妈等，都写了一些诗词。

比如在衢州研学行中，黄玉峰到新华小学下村校区后，就即兴赋诗一首《题赠新华小学下村校区》——

五浦少年访下村，麻糕楚橘酬情深。
桑翁六九门前立，古宅三园创意新。
自制香茶且代酒，巧培神树岂无魂。
屈平诗性若相伴，定创美文惊世人。

黄玉峰是个专家学者型校长，爱好写诗和书法，他的诗不但内蕴丰厚，而且合乎古诗规则。他自创的诗作再用毛笔书写出来，自然就成为上乘精神佳品。有人求而得之，悬挂于家中，有客人来临，常一边欣赏，一边吟唱，玩味一番。黄玉峰却谦虚地说，我的诗和书法都缺乏灵性，有些教师学生的作品，比我强，很有光彩。

在行走中，师生们放飞思维，或即兴赋诗，或推敲成文。写得文采斐然者自然会让人击节称叹，写得略有诗味者也会得到鼓励。这样一来，原来就喜爱写诗者就有了大展身手的天地，原本不会写诗者也在尝试写诗中偶露“峥嵘”，一时间形成了欣赏诗歌创作诗歌的氛围。

三年多来，师生们走遍了很多地方：去过越州，去过眉州黄州惠州，走过徽杭古道，到过江西等地，在上海各区尤其是青浦行走，去过各大植物园，进过博物馆、农场和工厂。每到一处，都伴随着诗歌创作。虽只三年，师生们已创作了 11000 多首诗词，以内部刊物的形式，编撰了十本诗词选集。学生参加“中华之星国学大赛”，连续两年获得优异成绩。

在诵诗写诗高潮一浪高过一浪的时候，黄玉峰认为也不能太“热”，还要适当地“冷”一下。师生写了这么多的诗，可真正经得起推敲而成为真正意义的好诗者，所占比例尚不太大。因为历史上所有的大诗人，看似即兴而写的诗作，其实是需要不断地反复推敲修改的，而且有厚重的诗词学养在做支撑。

为了增加师生诗词学养的“厚度”，首先，学校在每次行走之前，都要为学生提供大量与行走之地相关的诗词，从而让大家先学后写。二是通过自编的诗词课程，增加学生的诵诗量。三是引导与鼓励学生课外学诗背诗和写诗，还要求家长也参与其中，形成诗教家庭。四是培养学生终生爱诗写诗的习惯，从而实现培养“独立、善良、智慧、美丽”的人的宏大目标。

【王登峰】在序言中，我们提到要推动一个“中华诵”的企业家行动，鼓励企业家做三件事，并向全社会发出倡议，第一件事，企业家要读经典。其实现在很多企业家都在读《老子》《孟子》《周易》，包括读《孙子兵法》，为了提高管理水平，中国的企业家首先要读经典，这是我们发出的第一个倡议。

第二个倡议，企业家不仅要读经典，在整个企业文化建设里也要渗透中国文化的特点。有次一个企业家问我，你说得很好，那我为什么要在企业文化里渗透中国文化的特点？我说至少这是对你有用的。他说你试举例来说。我说，假如你的企业里有很多员工，一个员工的父母八十岁了，你在他父母生日的那一天以董事长的身份给他的父母送一个红包、一个蛋糕，每年都去送，而且可以定一个规矩，凡是员工父母超过八十岁的，每到他们过生日的时候你一定去拜访，给他们送红包、送蛋糕。这样下来，你这个企业的员工如果不想在你这儿干，不用你说，他的父母都不会同意。这就是中国的孝道文化在企业管理中的作用。这个企业家听了以后说，你说得有道理，第二条我们也可以接受。

我说第三条你们更应该接受，在中国传统节日期间，大张旗鼓地做促销。企业随时都可以做促销，但一到中国传统节日，春节、清明、端午、中秋、重阳……你就连篇累牍地让各种各样的媒体做宣传，做你的促销，会有什么效果？你赚钱了，但同时也给整个社会提了个醒，要过节了，这是我们的节日。如果企业家能够真正行动起来，且不说他是否读经典，就是在传统节日做促销这一件事情，就是对弘扬中国传统文化最大的贡献，因为这样会形成一种社会氛围。

【陶继新】现在企业家学习国学经典已经成了一种时尚，北京大学等知名大学也开设了专门针对企业家的国学班，而且，有的企业家也认真学起了国学经典。著名企业家、海尔集团董事局主席张瑞敏说："我最喜欢的三本书是《老子》《论语》《孙子兵法》。"因为他善用这些经典来管理、经营企业，因此，海尔现在成为中国最成功的企业之一。

通过学习经典，可以提升企业家的文化品位，特别是增强其道德操守。因为经典中不但摇曳着智慧的光华，而且也流泻着思想的要义。

【王登峰】我们的公共服务行业，如果都能够形成一种诵读经典的氛围，人和人之间的关系就会更加和谐，整个社会也就更加和谐。这样一种状况不是天方夜谭，在大家的努力下就能看到结果，就像现在我们看到好多小学生，从一年级到五年级一直在读经典，老师对他的评价是更有礼貌了，家长觉得这个孩子更好沟通了，这不就是效果吗？孩子能做到的，我想成年人照样能做得到。整个社会文化氛围的营造才是我们诵读经典真正重要的目的，也是我们追求的目标。

【陶继新】在学校里要想形成诵读经典的氛围，校长应当身先士卒。我在福建省泉州市泉港区庄重文实验小学、河南省淮滨县实验学校讲课的时候，发现那里都形成了学习经典的良好氛围。究其原因，就是其校长钟惠河和徐传信对经典特别感兴趣。钟惠河还有一个关于如何学习《论语》的讲座，不但在自己学校里讲，还被请到其他地方讲。看来，领导带头，是学好经典的重要经验。

【王登峰】教育中长期规划特别在战略主题里强调，要加强中华民族优秀文化传统教育和革命传统教育，这句话应该落实到教育教学的各个环节里去。也就是说，我们在弘扬中华优秀文化传统的时候不应该仅仅是读经典，读经典是非常重要的，不能够放松也不应该忽视，但同时还应该在我们教育教学的各个环节里渗透这样的思想，这样才能够像陶老师倡导的，读经典除了有意识地学习以外，更有一种环境的营造，也就是你说的“无意识学习”，也是非常重要的。

现在很多学校读经典在整个校园环境方面都做得非常好，楼道里挂着的都是经典诗文、中国国画，黑板上画的也是……

这就给孩子们营造了良好的文化氛围，这种文化氛围的营造，再加上教育教学各个环节里有意识地渗透中国传统文化的思想，对于我们弘扬传统文化，开展中华经典诵读来讲就是最好的环境。

在这方面，陶老师应该有更多的经验，将来可以作为各级各类学校学习分享的经验。

【陶继新】营造经典诵读的氛围，可以让师生在不知不觉中受到经典思想的熏陶，并在潜移默化中提升思想与文化品位。近年来，孔子故乡曲阜在读《论语》、诵经典、弘扬传统文化、造就时代新人方面，寓教于乐，以小见大，时时耳濡目染，处处潜移默化，收到了良好的育人效果。

一是“小墙壁，大《论语》”。梁公林小学因孔子的父亲叔梁纥而得名。学校构建了“五墙一廊”的校园文化格局，即《论语》墙、六艺墙、“五德”

主题墙、“读经典 学国学”主题墙、“孝悌”教育主题墙和传统文化长廊，并对每条路、每个班、每个门赋予新的含义，即一门一经典、一路一名人、一班一含义、一物一标牌，如三省门、子渊路、明德班等。梁公林小学的确很小，只是一排平房没有高楼。可是，那里却有一般学校没有的文化。“小墙壁，大《论语》”可谓说到了精要处，墙壁上的《论语》是有形的文字，而深入师生心里的却是无形的思想。

二是“小树林，大阅读”。位于泗河之滨的王庄镇岳村小学的“洙泗杏坛林”意寓诗书传承，桃李满天下。“林内”有青石板读书桌凳四十五套，可容纳二百七十人，石板桌上书写读书名言，摆放各类书籍，供学生课余时间阅读、开展班际间的图书交流、生生之间的读书交流活动。我去岳村小学采访的时候，“小树林”已经因叶落显得有点萧瑟，可是，那一排排的石板桌却无声地记载着学生学习的美好“回忆”。想象春、秋、夏三个季节，学生就在那自然得没法再自然的树下学习的时候，或许还有蝉鸣虫叫，或许还有斑驳的阳光从树缝里洒下照到孩子的身上，而孩子们却是那么入情入景地诵读经典、交流感想，多么美好的一幅学习画卷。

三是“小游戏，大天地”。把传统民间益智、趣味、健体类游戏引入校园，让孩子们在课间快乐有序地开展自己喜欢的游戏活动，同时融入交通安全知识、校规校纪、经典诗文、养成教育。

曲阜市陵城镇驻跸小学吟诵童谣感召人，学用童谣塑灵魂。在进行童谣教育的过程中，学生随时捕捉童谣的影子，创作了值日谣、晨读谣、写字谣等。驻跸小学创作的童谣我没能听到，可是，却从他们给的文字材料中感受到孩子心灵的跃动。而且，其中有一定的经典文化的词句，多是自然而和谐地出现于童谣之中的，显然，它为这些童谣增加了别样的色彩。

曲阜市实验中学每学年两个学期各安排一场集体诵读；“四会”，是诗社组织的“四季诗会”，即校园之春诗会、端阳诗会、中秋诗会和新年诗会。此外，他们还参加市教育局组织的古诗文诵读活动。全国“推普周”闭幕式、国际孔子文化节开幕式……学校千人诵读方阵备受注目。在与新加坡中小学四年多教育交流中，他们创意策划了“同一个月亮，同一首诗”“同一个月亮，同一首歌”“同一个月亮，同一片天”系列活动。在新加坡舞台上，校长和他的二十名学生在古筝伴奏下，朗诵《春江花月夜》，把“诗教”带出了国门展示交流，营造了诗教的氛围，激发了学生读诗背诗的兴趣，促进了师生之间、同学之间的交流，同学们读诗背诗诵诗唱诗，意趣无穷，欣欣然如沐春风。

在《人民教育》2017年13、14期合刊上，发表了我的一篇长篇通讯文章《孔子故里的“君子教育”——曲阜市济宁学院第二附属小学的传统文化进校园活动扫描》，其中便写到了该校开设“孔子学堂”，汲取《论语》智慧的内容。

中国孔子基金会在全国范围内创设了“孔子学堂”项目。“孔子学堂”以“写好字、读好书、做好人”为堂训，积极推进传统文化进学校、进社区、进农村、进工厂、进机关活动。二附小的“孔子学堂”已成为中国孔子基金会“孔子学堂”进学校项目的典范，同时也成了二附小师生学习优秀传统文化的殿堂。学习传统文化经典，《论语》当是最佳的也是最重要的读本。中国文化之所以历经磨难而千古长存，原因固然不止一端，而其中之一应该与千百年来大家共读一本《论语》关系甚大。因为如果人人都能读好《论语》，并且身体力行，就能形成我们整个民族的核心价值观。而《论语》中的思想与智慧，至今仍然闪烁着耀眼的光芒。其中很多思想，与当下的社会主义核心价值观也是一脉相承的。

李成泉校长说：“如果选一本书让我们全中国人去读的话，那就是《论语》；如果选一本书让我们老师与学生终生去读的话，那还是《论语》。我们要让孩子从小亲近《论语》、感知《论语》。”在二附小，到处可见诵读《论语》的身影，人人可诵《论语》章句，时时可闻诵读之声。

学习《论语》，除了前面笔者所写的孩子们学习经典文化的方法之外，还有更多的形式，比如待课的时候，便成为学习《论语》的一个时机。一般学校老师上课之前，学生大多是静心端坐，以待老师。可二附小不是这样，每天黑板之上都有一段新的《论语》章句，学生等待老师上课之前，就已经自读起来。上课铃声一响，老师走向讲台，喊“起立”之后，学生则齐声朗读这段《论语》，然后师生行礼问候再正式上课。老师喊“下课”之后，学生再次朗读这段《论语》，此后老师再喊“坐下”，方才正式下课。每天六节课，节节如此。此举意在为学生设置一个学习经典的场域，让学生耳濡目染，在不知不觉中学到更多经典。如此六年下来，《论语》绝大多数的章节，学生便可以诵记在心了。教育心理学的实证研究曾明确提出，人的记忆乃是一种过程，靠着这个过程，人不仅重复他以往的经验，而且重建这种经验。学生们循而复始地诵记，虽看似在重复相同的经验，实则意味着体验的不断更新、理解的愈加深刻、个体生活的再次解释，是对其已有知识经验的重建。

在二附小，不仅学生学《论语》，老师们也在学《论语》，不仅读《论语》，还在推进老师讲《论语》。老师们在读了几遍《论语》与相应的解析之后，也许自认为了然于心了，可如果在大庭广众之下，将其讲清楚且讲出特点来，却往往不是一件容易的事情。有不少时候，对于《论语》的要义，虽然自己心里明白了，但不一定能讲得明白；自己认为讲明白了，却不一定能让听众听明白；让听众听明白了，却不一定能让听众听得如痴如醉，心驰神往。

而二附小的老师却必须做到这一点。这样的要求，也许在一般人看来有些严苛。可李成泉校长说，对于身处曲阜圣地的二附小的老师来说并不算高，因为他们具有特殊的使命，理应承担起传承孔子思想的重任。

“仁以为己任，不亦重乎？”

那么，二附小的老师，针对《论语》就不能是浅层次的解说，而应当是深层次的探究。为此，学校专门开设了《论语》讲堂。目前，已经有一批老师比较成功地在讲坛上做了学习与研究《论语》的报告，李成泉校长等还在山东甚至全国的讲坛上纵谈《论语》及孔子教育思想，且引起了强烈的反响。

二附小已做出规划，要在全体教师中开展“我们一起学《论语》”活动，为每一位老师拍一个不少于15分钟的《论语》微课影像片。先部分后全体，一个老师也不能少。最终每人至少一个微课，会作为大家共有的精神财富，收藏于室，存留后世。再过一段时间后，论坛还要向学生和家长延伸，让他们也在论坛上一展风采。

从人人诵读《论语》到人人开讲《论语》，这并不只是一种形式的变化，更是要让老师以及学生更好地把《论语》入口入心，不但要对孔子有一种“仰之弥高，钻之弥坚”的敬仰之心，更要终身学习他的君子人格，做对社会对人类更有益的事情。

其实，文化就是以文化人。“文化”的“化”是一个过程，当它“化”的时候，是一个润物细无声的过程。

我的两个女儿都有孩子，我们是如何让他们学些经典的呢？就是整天地“化”。学习经典文化有两种途径，一是有意识学习，再就是无意识学习。比如现在我们上课了，带领学生学习杜甫的《绝句》，学生知道是在上课，是在学习，这就是有意识学习。还有一种就是无意识学习，一个孩子从呱呱坠地到会说话，没有专门的课堂，没有专业的老师，但是两三年之后，一个国家的语言就会说了。这就是无意识学习，即不刻意地学却学会了。我发现一个规律，孩子越小，无意识学习的能力越强，而无意识学习的东西往往记忆更深刻。

我女儿的两个孩子出生之后，我们就着意为其提供了一种经典文化语境。给他们读经典，或者放录音。我大女儿在教育女儿张旖轩的时候发现，她刚刚睡着的前半个小时，给她讲一个故事，第二天竟然可以复述。因为这个时候，她是在睡眠状态，仍然可以接受经典的信息。如果给孩子提供一些经典的语言环境，尽管不一定会背诵，可是，在其大脑之中已经栽植了经典的种子。如果有了适宜的环境，就能破土而出。

张旖轩两岁多的时候，有一次我吃饭剩下了几粒米，被她发现了，她便信口说道："姥爷，'粒粒皆辛苦'啊！"说完，就欢天喜地去玩了。其实，当时教她背诵这首诗的时候，并没有特别讲其文义，可是，她已经悟出其中的意思。大女儿还为此专门写了一篇博客。二女儿的儿子贺思齐有时候说话也语出惊人。他不到三岁的时候，一天看到我们家有点乱，很遗憾地说："怎么搞的？一片狼藉！"这些话语并没有专门教他。可是，由于听了一些经典，无意中听了大人之言，就不知不觉地迁移到了他的大脑里，于是，就有了许多令我们大人匪夷所思的精彩之语。

鲁迅基础教育的再思考

【陶继新】由女儿的孩子，我想到了鲁迅先生，从小就读他的《从百草园到三味书屋》《社戏》《故乡》等。不但深深地喜欢上了他的作品，而且开始将鲁迅先生作为自己崇拜的偶像。刚工作不久又用了一个月的工资买了一套《鲁迅全集》，且比较认真地读了一遍。此后又与董操、蔡世连共同编著了《鲁迅论儿童教育》（山东教育出版社1984年版）。所以，与鲁迅先生的作品结下了不解之缘。2004年4月17日，我到绍兴，游览了鲁迅故居，看到了鲁迅作品中描写的百草园、三味书屋、咸亨酒店等，心中的喜悦之情可想而知。

现在的百草园虽然与鲁迅小时候的原貌发生了不小的变化，但依然是一个令人们特别是孩子们神往的地方。园子不大，可是花木相映，生趣盎然。孩子们喜欢这个地方，是天性使然，所以有人称这里是孩子放飞心灵的地方，而三味书屋则是窒息孩子天性之地。

目前在这个认识层面上的还是大有人在，以前我也如是说。可是细细想来，这又有点太过武断。在三味书屋，我们亲睹了鲁迅小时候就读过的书桌，破破的，坐落于书屋的东北角。本来鲁迅的座位并不在这个方位，因为同伴们经常在寿镜吾老先生不在的时候去后面的园子里玩耍，出出进进影响鲁迅的学习，他才主动要求挪至这个孩子们并不愿坐的座位上的。而且因为一次迟到受到批评后，在桌上自刻了一个“早”字，以此自责、自励，提醒自己早早到校，此后他就再也没有迟到过。今天，当年鲁迅刻过的一个“早”字依然赫然在桌。我想，这个“早”字不单单刻在了桌子上，更刻在了他的心里。可以说，没有三味书屋，就没有作为文学家的鲁迅；没有寿镜吾老先生的严厉，就没有鲁迅辉煌的成就。如果鲁迅先生小时候只是在百草园里游戏了又游戏、玩了又玩，他后来很难成为大师。可以说，寿镜吾老先生为其提供了一个经典学习的优质环境。所以，对于孩子来说放飞心灵固然重要，而在其学习的最佳时段让其学有所得则更不能忽视。

【王登峰】必须提到三味书屋。

【陶继新】“三味书屋”是指哪“三味”呢？在鲁迅故居“三味书屋”的墙壁上这样解说——读经味如稻粱，读史味如肴馔，读诸子百家味如醯醢，三种体验合称为“三味”。我看鲁迅读书的“三味书屋”两旁屋柱上有一副抱对，上书“至乐无声唯孝悌，太羹有味是诗书”，可见“三味书屋”中的“三味”应该是寿镜吾先生的祖训：布衣暖，菜根香，读书滋味长。后成为三味书屋的馆训。无论哪种解说都在强调读书滋味深长，由此可见鲁迅当年是在学养深厚的环境中读书的。

这令我想到现在的教育，人们多是关注孩子的天性，在“让其自由发展”这一现代教育理念影响下，忽略了对孩子高层次的文化培养。我看过鲁迅小时候读的一些书目，多是“四书五经”等一些古代经典。所以，在让孩子挥洒天性之时，切勿错过了培养其成才的最佳时段，切勿忘记让其吸取高层次的文化精神营养。

我曾思考过这样一个问题：从公元前551年孔老夫子出生到中华人民共和国成立，这两千五百年间，中国能够正规入学学习的人数，必比从1949年到现在入学就读的学生多得多，同时我们现在从国内外还学习了许多大教育家的经典教学方法。但遗憾的是，新中国成立之后的中国学子，成为世界级文学巨人者屈指可数，这种悲哀不能不令我们进行深入的思考。而中国古代的每一个时代，几乎都产生了让世界瞩目的大思想家、文学家。从春秋战国时期的孔子、孟子、老子、庄子、荀子、孙子、屈原等一大批大思想家、文学家、军事家，到帝制王朝的最后一个朝代清朝的大文学家曹雪芹，无一不是世界级的大师。那时候还没有苏霍姆林斯基，也没有布鲁姆和布鲁纳，即使有，也因国域之隔而无法学习其精妙的教学方法。但是，我们的先人造就了一批又一批大文学家、思想家、教育家。这种悖论的出现，应该引起教育界人士的足够注意。

为什么会出现这种令人不可思议的事情呢？我想，目前学习内容的低下与教学方法的不当，与古代文人学习"取法乎上"和注重读背形成一个巨大的反差：古时候的学生起始阶段学的是"四书五经"等文化经典，现在学习的是"上中下，左中右"等所谓由浅入深的浅层次文化；古时候一开始就让学子去背诵，现在是一开始就要学生去"创造"。如是下去，休说大思想家、文学家难以诞生，就是产生有点名气的大学问家也难乎其难了。一味地逐新求异，丢失的不仅仅是中华传统优秀文化，还有自己的个性和中国文化学习的本质东西。朗读与背诵这是最简单，也是最奏效的学习古代文化的方法，千万不要再将其视作污水一样地泼掉了！

所以，我们的老师，不要担心你的教学方法与现代教育思想不合，不必要去在花样上做文章。要对孩子的一生负责，就要让他们去多读经典、多背经典。说不定数十年之后，你教的学生中就有了引人瞩目的文学大师、国学大师。

有人也许会说，一般的孩子学习古代经典恐怕是力不从心。其实，我们的教育者多是低估了学生的阅读水平，诸如古今中外名著、反映当代思想文化水平的美文佳作，学生完全可以在教师的指导下，以至于自主自觉地去阅读，并在潜移默化中，拓宽知识视野，陶冶思想情感，增强审美情趣，提升文化品位。看来，让学生读一些超越语文课本水平的经典文本，其文化素养的提高则远远超越读那些庸常之作的速度。

其实，任何孩子，他的潜能都是无限的，只要给其提供一个经典学习的文化环境，就会还给我们一个巨大的惊喜。

在2018年1月6日的《中国教育报》上，发表了我所写的一篇《好教育自在“道”中——北京新学道洛阳国际书院的教育诗篇》长篇报道，其中写道入学两年半的孩子，在学习国家教材全部内容的同时，还背诵了《大学》《中庸》《论语》《道德经》等经典，合计达到3万余字。不仅如此，他们还进行了快速的海量阅读，孩子们的平均阅读速度能都达到700字/分，平均快速记忆16个词/分。阅读量平均达到700万字，其中高的已经达到1200万字。这已经远远超越了国家课程标准对小学初中高中三个阶段学生的阅读字数要求的总和。难怪孩子们现在已经呈现出“满腹经纶”的样子，所写的文章也让笔者惊叹——

游晋祠

四年级　吴彦辰

三晋大地，表里山河，古韵平遥，精美石窟，千年晋祠，迁客骚人赞美之声不绝于耳。吾于暮春之时有幸游于晋祠，感慨系之，故作此文。

晋祠有其独特之韵味，有其引人之风景，有其古老之建筑。立于三晋大地而闻名遐迩。

晋祠不似普通之祠堂，始入之时，有古色古香之感，细看亦可发觉古人之智慧及精湛之技艺，渐入，遂有身临其境之感。

晋祠，山水环绕，古木参天，芳草鲜美，落英缤纷，清泉环绕，映带左右，如同世外之桃源。

于晋祠之内，殿、堂、楼、阁、亭、台、桥、榭随处可见。雕龙画凤，壁画碑刻，千年古刹，览物之情，恍如隔世。

乍暖还寒，最难将息，后之览者，亦将有感于晋祠。

美　园

六年级　耿樱畅

吾见一园，景色殊胜。中有一湖，碧波万顷，清澈见底，湖中游鱼清晰可见，其色或红，或黄，或各色混杂，皆能和平处之。湖旁绿柳环绕，观之细长如丝，触之柔软似锦，随风舞动，甚是可爱。中央红桃数株，若有微风拂过，则落英缤纷，甚浪漫也。

旁有幽径，直通小岛。岛中有一亭，虽小，然亦可爱精致，遥望甚美。若两人对坐于亭中，或品香茗，或饮美酒，推心置腹，互诉衷肠，亦是人生之雅事也。

在洛阳国际书院，像吴彦辰、耿樱畅一样写出如此佳作者并非凤毛麟角。因为有了大量阅读与经典背诵的积累，孩子们就自我构建了超越一般孩子的优质语言系统与写作思维系统，写作的时候，积淀于他们大脑中的优质语言就会迅速作出反应，形成属于其独具的语言范式。其实，从古到今所有的文化大师，几乎都是从小就练就了经典文化的童子功的。这种童子功在小学时段只不过“偶尔露峥嵘”而已，随着其生命的成长，阅历的增加，就会生发出更大的能量。童年是记忆的黄金阶段，“时过然后学，则勤苦而难成。”儿童时期记得快、忘得慢是其自然属性，成年之后，就转换成了记得慢、忘得快，即使用上数倍甚至十几倍几十倍的时间，也不可能背诵如此之多的经典。新学道深知这种记忆的规律，所以，在小学阶段就让他们大量背诵经典，从而为其一生的发展积蓄生命的能量。

也许有人会提出质疑，如此之多的学习，会不会加重学生的负担？其实，对于“负担”的理解，有的人步入了误区。学生的负担重与轻，并不都与所学内容多少成正比。如果课堂教学教师讲得味同嚼蜡，学生学得痛苦不堪，即使所学内容很少，也会让学生感到负担很重。一些学校的学生之所以辍学，并不是他们学的内容多，而是学得少而苦。新学道恰恰相反，由于学而有道，学而有法，学而愉悦，所以，新学道的孩子面对那么多的课程，非但没有负担，反而有一种乐此不疲的感觉。一个人只有一个童年，如果在这个生命时段让其学得既多又好且幸福，不但不是什么负担，反而会在他们的心里积淀下一种积极的思维：学习不但可以增长知识，增强能力，还有一种文化与科学升值的幸福感；不但可以当下考出好的成绩，更能为未来学习甚至一生成长奠定基础。

疏离经典的学习，在某种意义上来说，是对孩子的整个生命的伤害。本来，他可以高效且愉快地学习经典，但在这个时段没有让他们学习，就等于将这个时段的生命耽误了，犹太家教中也提到孩子的早期教育是一种追随教育，在孩子学习的关键时期，一旦丧失了适当的教育，其损失是无法弥补的。儿童时期，是其智能发展的最佳期，它对孩子一生的生命成长起着关键作用。我们的家长与老师，千万不能让孩子错失良机。而抓住了这个关键期，就是为孩子走向成功奠定了基础，从而在读小学、初中、高中、大学，以至读硕、读博及工作之后都可以受用。

【王登峰】是这样的。

原汁原味地读经典

【王登峰】对于经典的传承，除了讲之外，最重要的还是读，读是原汁原味的，很多经典变成音像和电视剧以后，它的作用就要大打折扣了。比如四大名著，都已经几次搬上银屏了，看完电视连续剧和看经典原文的感受绝对不一样。有时候我们说，现在很多孩子遇事着急，很难静下心，因为我们整个社会无法让他静下心。比如看电视，是被什么吸引？是被情节吸引，最后想知道故事的结局。有一次我让女儿看《三国演义》，我给她买了小人书，过了一个礼拜她就告诉我她看完了。我说，五十多本你怎么看得那么快？我就问她，我说你给我讲讲，《三国演义》讲的什么？她想了想，说《三国演义》讲的是刘备、曹操和孙权三个人争天下，结果最后谁都没打赢，让一个叫司马什么的得了天下。我说你概括得倒挺好，但她什么印象都没有，只是觉得打来打去挺好玩的，最后三个都没得到天下。因为她还小，没有能力全文通读《三国演义》，如果到了十几岁、二十几岁、三十几岁，没看过《三国演义》，而是看《三国演义》电视剧，那他对这段历史的了解和经典对他的影响绝对会打很大的折扣。

为什么我们要读经典，经典的表述方式本身就是中国人的思维方式，经典里的内涵经常让我们掩卷深思，看到一句话会抬头想“这个讲得真好”，看电视剧时，这些享受全都没有，而且不可能有。看电视看到这个地方你让人停下来想一想是不可能的。

【陶继新】同意王司长的观点，还是要看原著，改编成连环画或者电视剧，没办法和原著相比。但由于经典原著的文字载体是文言文，所以对于一般读者来说在阅读上有很大难度。为此，有很多人就开始走捷径，去读一些原著的翻译或者“解读”之类的书或者改编成的连环画和电视剧。其实，翻译也好，“解读”也好，都不可能把原著的内在精髓的东西表达出来。这就要求我们一定要静下心来读原著。俗话说：“书读百遍，其义自现。”只要我们坚持去读，很多文字都会在不经意间心领神会了。读书，尤其是读古书，一定要有悟性。为什么古人读书时要焚香静坐？一则是调整状态以利于全神贯注地去领悟书中的精髓，二则也是对作者的尊重以利于心灵跨越时空的沟通。只有进入这种状态，读书人才容易得到真知。如果只是读那些白话译文之类的东西，恐怕就难以领悟到原著的精髓了。所以，读书尤其是读国学经典一定要读原著。

我上初中的时候学校里没有图书馆，经典名著几乎找不到。《三国演义》我是怎么看的呢？当时学校来了一位姓柴的老师，他有一套《三国演义》原著。他借给了我，但只能借两周，于是我如饥似渴地读，甚至上课的时候也看。《三国演义》的文字很多是四字一句，非常凝练。当你读了这些经典以后，确实会让你感到很幸福、很快乐。所以，有的地方，直到现在，还会背诵。比如："话说天下大势，分久必合，合久必分。周末七国分争，并入于秦……"再比如其中的《大雾垂江赋》："大哉长江！西接岷、峨，南控三吴，北带九河。汇百川而入海，历万古以扬波。至若龙伯、海若，江妃、水母，长鲸千丈，天蜈九首，鬼怪异类，咸集而有。盖夫鬼神之所凭依，英雄之所战守也。……"正是读了《三国演义》，我喜欢了文学，而且从那时开始，文章也开始写得顺畅甚至比较生动了。

【王登峰】眼睛是视觉的，电视剧是吸引眼球的。为什么我们要读经典，让孩子从小背诵这些传诵千古的经典，一定有它的道理，道理就在于这些是经过千锤百炼的。为什么几千年来中国人一讲到经典就是那几本？就像陶老师讲的，二十年前开始读《论语》，到今天整个人已经变成了另外一个。那些孩子读完《弟子规》，对老师有礼貌了，跟同学的关系处理得更好了，跟父母的关系更和谐了，为什么？这就是他的价值理念。

【陶继新】是的，在看电视的时候，孩子们眼中看到的是画面，脑海里浮现的也是画面；在看书的时候，孩子们看到的是文字，脑海里浮现的却是画面。把文字变成画面的过程，需要孩子们动用想象力。所以，电视看多了会折断孩子想象的翅膀。家长们应注意电子媒介对阅读的"侵犯"，要让孩子多读一些书，少看一会儿电视。就是要减少与那些不良的、有毒害的、使人容易以逸"代"劳的东西的接触，少去刺激那个脑神经。语言是一种信息，一个人如果从小学便能够受到"国学"思想的陶冶，时间一久，潜移默化的作用就会呈示出来。当孩子们遇到困难的时候，他们就会自然而然地想到所学的内容，就能知道如何规范自己的行为。现在人们常讲的合作精神、讲诚信、自强不息、学无止境等，与古代优秀的文化都有相通之处，在“四书五经”中都可以寻到它们的渊源。

经典诵读与音体和谐

【王登峰】现在很多学校都做了非常多的探索，包括现在很多学校把广播操做成读经典了，一边做操一边背诵唐诗，一边跳皮筋一边背诵唐诗，这都是非常有创意的。实际上对于传统文化的传承除了读经典，还有很多方式，就从学校教育来讲，读经典是语文课，唱经典是音乐课，是否除了语文、音乐以外就没有别的方式可以传承呢？不是，书法课、体育课。其实在我看来，体育课是最应该渗透中国文化精神的。学生上体育课的目的是什么？锻炼身体。锻炼身体的方法有很多，而我们现在的体育课基本全是西方的跑跳投式的竞争性、对抗性的体育运动，这种运动好不好呢？当然好，奥运会是西方人定的标准，不玩它的项目我们没法儿参加奥运会，现在我们要把武术放进去还不那么容易，这就是制定规则，我们要融入这个世界，西方人玩得好的我们也照样玩得好。但并不是所有人都要参加奥运会，从学生的体育活动来讲，我们应该更多挖掘传统体育项目中既有利于强身健体又不容易受伤、既有利于学生身心健康同时又可以照顾不同年龄段的项目。

【陶继新】一边锻炼身体，一边学习经典，一边听着音乐，可谓一举三得。我发现，凡是这样做的，学生都比较积极地参与其中，而且大有收获。

为解决经典诗词背诵枯燥无味的难题，河南省郑州市金水区龙子湖中心校专门组织人员编配了音乐和动作，开展全员律动背古诗，孩子们在动中学，在玩中记，诗词背诵从而变得轻松而愉快。

一到三十分钟的大课间时间，律动背古诗的课间操就在校园里开始了。悠扬的音乐声响起，孩子们在音乐中翩翩起舞，朗朗背诵。那阵势，犹如一方荷塘，音乐如清清的塘水，孩子们如娇艳的荷花，此起彼伏的诵读则如花中的嫩蕊，令人陶醉，令人流连忘返。

每天上午到校的时间，学校广播站就会播放旋律悠扬的音乐，音乐声中有娓娓的诗词朗诵，孩子们踏着这样的音乐节拍，听着如此富有节奏的经典诗词，步伐矫健了，心胸开阔了，身心得到陶冶。以春雨润物之势，于不知不觉之中记忆了那些美好的经典。中午到校的时间，伴随着优雅的乐音，流淌于师生心田的，则是稚嫩的童声，广播站的孩子们，用他们充满灵气的心灵，解读着那些迷人的诗词，每一句，每一声，都带有童年的节奏和神韵。

从龙子湖第一小学，到龙子湖第五小学，孩子们随着快乐的节奏，尽情陶醉在经典诵读的旋律之中，老师们开怀地说："龙子湖中心校的经典诵读跳跳跳。"

三个"跳"字，道出了龙子湖中心校经典诵读的基本特点：首先是富有节奏，而且是极鲜明的节奏。在鲜明的节奏中，童年的时光尽情舞动，舞成难以忘怀的画卷。其次是阶梯状。从幼儿园到小学，再到中学，中心校推行阶梯状的诵读，不同年龄段的孩子有不同的诵读内容，有不同的诵读要求，而且还要成一定的体系。第三是诵读形式的螺旋状上升，从教师诵读，到学生诵读，到师生共读，到师生共读后的再创造性阅读，整个活动成螺旋状上升趋势，最终把学校打造成读好书的地方。原中心校校长师保林和现任校长窦志伟，就是这三个"跳"的带头人。

现在，一部《论语》已被龙子湖中心校的师生尽数掌握，接着，他们还会以同样的形式，展开《大学》《中庸》等经典的诵读。

不止是语文课、音乐课、书法课、体育课，前面我提到了黄玉峰任校长的上海复旦五浦汇实验学校"诗教"，让经典诗教也在数学等课堂上呈现出了灿烂的光芒。

五浦汇实验学校数学老师刘宗三的课堂，就因经典文化的支撑，彰显出了超越一般教师的生命张力。

刘宗三老师说，我国传统的数学教育就是与诗词紧密结合的。其中，以《算法统宗》为代表的古典数学文献中记载了大量以诗词为载体的数学典故和问题。中国20世纪以来最杰出的数学家熊庆来、华罗庚、苏步青、陈省身、谷超豪、丘成桐，毫无例外，无一不是诗词高手。被誉为现代分析之父的德国数学家魏尔斯特拉斯指出："一个没有几分诗人才能的数学家，决不会成为一个完全的数学家。"因为数学美和诗词美有一条看不见的通道，走入其中，不但会让学生感到数学的诗性之美，还会领略到其摇曳着抽象之美的无穷乐趣。

刘宗三老师常常被数学的诗词之美所感召，并由此研究出了数学教学中开展"诗教"的途径和方法。

一、用诗导入新课

用诗词引发兴趣、复习旧知和创设问题情境，从而为学生学习提供数学教学的良好氛围背景，让一般人看来比较抽象的数学教学，变得生趣盎然。

在教学小学六年级下册第八章《长方体的再认识》一课时，他一上课便吟诵了杜甫的《绝句》——

两个黄鹂鸣翠柳，一行白鹭上青天。
窗含西岭千秋雪，门泊东吴万里船。

刚一吟罢，他便故作神秘地对学生说："你们知道吗？这首诗里有着今天数学学习的内容？"

学生顷刻振奋起来，一双双渴望的眼睛看着他。

于是，刘老师从从容容地说道："从数学的角度来看，第一句'两个黄鹂'描写的是两个点；第二句'一行白鹭'描写的是一条线；第三句'窗含西岭千秋雪'，描写的是一个面；第四句'门泊东吴万里船'，描写的是一个空间体。”

稍停，他感慨不已地说：“同学们，杜甫何其伟大啊！他不但为了我们描写了一幅有近有远、有动有静的美妙春色，还把数学中的点、线、面、体刻画得惟妙惟肖！”

学生被刘老师诗情画意的“数学解释”所陶醉，兴趣盎然地走进了《长方体的再认识》的学习之中。

如果说兴趣是最好的老师的话，那么，诗意则是激起学生兴趣的美妙乐章。在这种状态下的学习，同学们不但心灵愉悦，高效也不招自来。

二、用诗固化长时记忆

学生要想学好数学，必须记牢基本概念。可是机械记忆，不但记得慢，而且忘得快。刘老师将这些概念编成顺口溜式的诗歌，则可以让学生展开形象思维的翅膀，在饶有兴趣、朗朗上口的诵读中，很快记在心间，且长久不忘。

教学《一元一次方程的解法》之后，他发现有些学生对移项等步骤记不牢，容易出现格式和符号问题，于是编诗一首——

已知未知闹分离，分离方法就是移。
加减移项要变号，乘除移了要颠倒。
先去分母再括号，移项合并同类项。
系数化一才写完，检验无误真正好。

结果，学生高高兴兴地读一小会儿，就倒背如流了，而移项等步骤和方法，则形象而又深刻地烙印在了他们的脑海里。

三、用诗进行总结

教学某些新的知识之后，如果不作有效的总结，很多知识还会以碎片的状态散落在学生的大脑里，所以，总结就成了课堂教学的一个必不可少的重要环节。可是，有的教师以抽象的形式将所教知识梳理之后，学生虽然也多能当场明白，可很难长久铭记。而刘老师通过诗歌这一载体进行总结，则让学生在兴高采烈的吟唱中，将知识长时间地固化在记忆的长河里。

在教学第八章《长方体的再认识》时，异面直线的几何性质“空间中既不平行也不相交”，成为学生学习的一个难点。为此，他在备课时灵机一动，作了一首打油诗《异面直线的爱情》——

我们是异面直线
不属于任何一个平面
既不相交，也不平行
羡慕平行
虽然不曾有过交集
却能够并肩向前，不离不弃
羡慕相交
纵使不能相伴永远
但，至少还拥有过曾经的美好
可我们只是一对异面的直线
不能平行，亦无法相交
甚至，不能仰望同一片蓝天
我们是异面直线
无论如何努力地伸长臂膀
也无法交握我们的双手

这首诗让学生瞬间亢奋起来，读着，笑着，背着，很快把直线的几何性质记在心里。即使下了课，他们依然意犹未尽地相互吟诵着，甚至有的学生还将其“谱”成曲子，自鸣得意地唱起来。于是，喜欢上刘老师的课，就成了孩子们的心理期盼，学习的效果之好，也就在意料之中了。

四、用诗歌指导学法

在教学中，教师要关注教法，更要让学生掌握学法，因为教师教会学生与学生自己学会不在一个层次上。教师长期引导学生关注与研究学法，就会让学生的学习变得高效而轻松。恰如中国第一部教育学论著《学记》所言：“善学者，师逸而功倍，又从而庸之。”掌握了学习方法才能善于学习，从而让教师费力不大却可以达到事半功倍的效果，而且学生还会将取得的成功归功于老师。

刘老师就特别关注学生学习方法的教学。他曾引用宋代理学家陆九渊的《读书》，来引导学生掌握学习方法——

读书切戒在荒忙，涵泳工夫兴味长。
未晓莫妨权放过，切身须要急思量。

陆九渊告诉我们，读书不要性急，要平平缓缓地细心涵泳。读不懂的地方，不妨暂时先放过去，等到上下文都读过之后，或是日后重新阅读时，慢慢地就会领悟了。

不只是读书，在预习未学数学知识的时候，也要平心静气，慢慢地涵泳、品味，当有某些新的感悟时，就会感到兴味无穷，并在无意识间增强了自学的自信心。久而久之，学生不但掌握了学习方法，还会上升为知难而进的学习品质。这样，学习效率之高，也就水到渠成了。

五、用诗励志激趣

“诗言志”最早见于《尚书》，延绵至今，成为中国的诗学传统。刘老师认为，“诗言志”也应当成为激发学生学好数学的经典指向。尤其是古今中外数学家“志于学”的典型案例，更能培育学生远大的学习志向。华罗庚是众所周知的数学家，他的“勤能补拙是良训，一分辛苦一分才”已经广为流传，妇孺皆知。为此，刘老师就将华罗庚所写的励志诗读给学生听，并让他们牢牢记住，化在心里，付诸行动。比如华罗庚1981年曾写过《寄青年》一诗——

发愤早为好，苟晚休嫌迟。
最忌不努力，一生都无知。

华罗庚是中学生心中的偶像，他们从这位大数学家的诗中，感悟到只有立志学习，才能终成大业，对社会做出卓越的贡献。学生一旦有了学习的志向，就会形成一种相对稳定而又持久的学习动力，从而在“学不可以已”中不断前行，从而“化育人生”，让生命更有意义。

刘老师认为，用数学家积极奋争的精神和在诗词方面的极高造诣激励学生，适时引入数学史上的名人诗词，以及教师创作对教学数学产生作用的诗词，不但有利于学生意志品质的形成，还会大大提高学习的效率。

【王登峰】比如现在的体育课，我所知的，只有在大学里上体育课时，男生会学一套长拳，这算是中国传统体育，女生会学一套剑术，这也是中国传统体育项目。但是小学生呢？没有。音乐课是不是只教钢琴、小提琴？我们的二胡、琵琶、古筝是不是也可以成为音乐课的内容？甚至是主流内容。体育课可以从传统项目里挖掘、总结出来，变成学生学习、锻炼的方式，有什么不好？

【陶继新】我上小学的时候几乎没有什么体育项目，但农村的一些原始项目我们却玩得不亦乐乎，看起来有些单调，但孩子玩起来时乐此不疲，当然，现在还应当把这种“单调”丰富起来。

我想现在的乐教让我们失去了很多以前的东西，现在乐教变成了单纯的技巧，仅仅是会弹会唱，实际上原始的乐不是这个意思。孔子把乐看得很重，首先乐承载着一种思想。“德者，性之端也；乐者，德之华也”，当时的乐关乎道德、政治乃至天地的大事。正如《礼记·乐记》中说：“故乐者，天地之命，中和之纪，人情之所不能免也。”“故人不耐（能）无乐。”从中我们可以看出，音乐必须给人带来一种合宜愉悦的感受，音乐必须是切合人心的。即人通过好的音乐，自然可以实现人与自然的和谐，克服人内在世界的紊乱和冲突。如果只关注音乐外在的东西，就会因为过于追求技巧而扼杀了文化内涵，只讲究方法是危险的，因为你可能会完全忘掉那个源头，而变成执着于方法。

【王登峰】2009 年我在教育部语言文字应用管理司主持工作的时候，曾做了一件事，我们提供了一批唐诗宋词向全世界征集谱曲，结果没想到有这么强烈的反响。我听了其中的六十首以后觉得非常好。中国经典诗文谱成曲的能够传唱开来的现在有很多，最典型的是苏轼的《明月几时有》，还有岳飞的《满江红》、毛泽东诗词。很多人不了解、不知道毛泽东诗词，但因为老听那歌就会了。我想我们的下一步“唱经典”，其实也是一种方式。

我们看现在的西洋流行音乐，它的思想内涵是有待挖掘的，但一旦有点中国传统文化的曲风，在歌词上有点中国诗词的美感，就很容易被大家传唱开来，说明这是融入人们血脉中的东西。这种东西除了悦耳以外，还能够引起人们的共鸣，能够给人以非常丰富的想象，这就是陶老师讲的“幸福感”，现在很多情况只是热闹一时，眼睛看着很丰富，眼花缭乱，但之后什么都没有留下。而如果我们能用时尚的方式把经典包装起来，它是能够被大家接受的，接受了以后还真的能给你留下什么。

【陶继新】是啊，乐教还可以提升学生的审美情趣。孔子当时在齐国听到了韶乐之后很感叹，“三月不知肉味”（《论语·述而》），那时很难吃到肉，但竟然能让他忘记了肉的香味了，可以想象这种音乐境界达到了多么高的地步。刚才说了音乐，音乐怎样更好承载起它的历史使命，这确实太值得研究了。乐的力量在使人“爱”，就是强调音乐可以通过特殊的艺术性节奏和姿容，平灭一切内外的冲突，能够达到“致乐以治心”，达到内在的心灵与外在的世界的最高的和谐，即生命的和谐。

【王登峰】广西壮族自治区把壮族的民族体育项目做成了标准化课程，各级各类学校，特别是有民族学生的学校都用它来上体育课，我觉得这个做法就非常好。其实不光少数民族有体育项目，汉族，整个古人强身健体的方法虽然不像金庸武侠小说里说得那么神，但至少它是把人放在天地之间，人和天地在相融合境界下去模仿各种动植物的形态，同时又起到了强身健体的作用，我觉得这也是弘扬中华优秀传统文化。所以学校教育应该把弘扬中华优秀传统文化作为各个科目里都应该重视的问题。

【陶继新】是的，王司长。我曾到广西一些学校采访，发现他们把一些壮族传统体育项目做成了课程，而且在正式的体育课上登堂入室。

2019年12月11日，我应邀前往广西柳州市第十四中学采访其摇曳着南方民族风情的传统体育项目竹竿舞。

就在柳州十四中的体育馆里，专门为我做了一场竹竿舞的表演，那幅美轮美奂的场景，迄今还常常浮现在我的眼前——

跳舞者在竹竿一分一合的瞬间，机敏地进退上下跳跃的时候，还不时潇洒自如地做着各种优美的动作。开始的时候，看着持竿者或坐或蹲或站而迅速地变幻着竹竿的分合升降，心中便不由得咚咚直跳，真担心哪一个小伙子或小姑娘突然被竹竿夹住或绊倒甚至打到头上。可不一会儿，便发现自己纯属杞人忧天，这些跳舞高手在伴着有节奏的碰击声和幽默的“嘿！呵嘿”吆喝声中，折射出来的民族舞蹈的韵律之美，和洋溢在他们脸上的从容与愉悦，已经浑然一体地构成了一曲和谐曼妙的民族乐章。这不由得让我想起庖丁解牛时文惠君的惊叹之语：“技盖至此乎？”

柳州十四中的竹竿舞尽管精彩绝妙，可并没有像他们另一个体育项目街舞一样在全国和世界大赛中获取大奖。那么，为什么还让其登堂入室，并形成学校的一个品牌呢？

利泠沄书记认为，竹竿舞在广西侗族、壮族等少数民族那里，是一个百姓大多会舞又爱舞的传统民俗项目，小孩子们跟着大人自觉不自觉地就学会了竹竿舞。作为传承民族文化的学校，自然应当承担起传承这一项目的使命。

竹竿舞对于初中生的生命成长，还有着非同寻常的意义。一是竹竿舞欢快活泼的特性，与孩子的心性有着天然的联系。正如《中庸》所言：“天命之谓性，率性之谓道。”率性而舞，符合了孩子们生命成长的规律。其二，不停地跳跃，不但提高了孩子们的弹跳力，而且增加了他们的肺活量，这种很好的有氧运动，对身心健康无疑有着很大的益处。其三，竹竿舞所具有的节奏感与韵律美，以及孩子们在跳舞时与之形成的高度和谐，再加上优美动听的民歌，形成了一种荡漾着民族韵味的艺术美。美的艺术可以悦人心灵，从而让人生成一种精神之美的气质。

正因如此，学校号召学生参加竹竿舞项目的宣传刚一发出，就受到了热烈的响应。

不过，学校并没有竹竿舞的专业教师，可热心而有积极性者不乏其人。钟培晶老师就是这方面的开拓者，她认为，自己虽然不会，但可以去学，也可以邀请具有竹竿舞专长的人到学校进行指导。于是，师资问题很快得以解决。

为了更快地在学生中推广竹竿舞，学校还采取了“兵教兵”的教学法。据黎桦老师讲，开始的时候，他们将参加竹竿舞的学生分为五个组，先从每个组中选出几个有一定基础的学生进行培训，然后，再由他们去教其他学生。

“兵教兵”产生了超越想象的效果。因为这些学生学成之后，再以“小师傅”的身份去教其他学生的时候，不但有了自豪感，也格外认真努力。加上学生之间心理上没有任何栅栏，交流起来比师生之间更加容易。所以，不久后，一支拥有百余人的竹竿舞项目团队便应运而生。

老师的认真负责，“小师傅”的不断增加，让竹竿舞的队伍越来越大，最终在学校成了一个普及性的体育项目。

据钟培晶老师讲，在跳竹竿舞的时候，学生一方面享受着其中的乐趣，另一方面，也在无意中激发了他们的创新意识。孩子们除了学跳已有的竹竿舞，还开始了自编自创竹竿舞，于是，别具一格而又妙趣横生的竹竿舞从其诞生之日起，就有了巨大的生命力。

目前，竹竿舞这一普及性的传统体育项目，不但成了学校一道亮丽的风景，也成了学校和街舞相得益彰的另一个品牌。

根植于现实生活之中

【王登峰】但我们也要有危机感。有人说中华文明为什么五千年没有出现过间断，到今天照样维持它完整的体系，有三个原因：

第一是中国幅员辽阔。这起到了什么作用呢？这个地方遭灾了，这个地方的人甚至全部没有了，但我们还有那么辽阔的土地，其他地方还照样可以保存下来，这是非常重要的一个前提。

第二是中国文化规模庞大。包罗万象，政治、经济、文化、艺术都有，而且每一个专业门类又有着非常密切的关系。中医就是中国哲学的集大成，你看中医治病是在讲哲学，不是讲你的哪个器官、哪个细胞有问题，而是讲你的生活环境、心情、家庭环境，吃中药要有药引的，这里面都是非常重要的整体思维，所以规模庞大，外来文化即使一时可以占上风，但最终都会被吸纳进来。

第三是中国文化的内涵。中国文化的内涵，首先是中国人的血缘观，中国人的祖先崇拜其实很重要的一方面就是使得华夏儿女团结在一起。我们都信奉炎黄二帝是我们的祖先，是我们中华民族的共祖，所以整个血缘文化流传下来就能够让我们保持文化传承不变。其次就是中华文化刚柔相济的文明品质。《易经》的乾卦和坤卦分别讲的“自强不息”和“厚德载物”，就是这种刚柔相济的文明品质的源头。最后就是中国的汉字，汉字的象形和表意功能使得不同民族尽管话语不同但都能认识，从而完成交流沟通。

但到了今天，为什么我说要有危机感呢？这三个条件的作用都在大大降低。首先是幅员辽阔，幅员辽阔有什么用？互联网可以通到任何一个角落了。第二，我们的文明规模巨大，自成体系，但现在差不多所有学科领域都在受到西方价值理念、西方文化的巨大冲击，这样一来，我们看到的是西方文化在全面影响和侵蚀着我们的传统文化，而我们自己的紧迫感并没有达到我们期望的水平。第三，中华文明本身的特质也在逐渐被消解：血缘观念日益被个人自利所取代，刚柔相济则被浮躁所浸染，而汉字也在随时遭受外文的排挤。所以在目前的情况下，我们更应该有一种危机感，所以才要加大力气做弘扬中华优秀传统文化的努力。

从另一个角度讲，我非常赞同陶老师讲到的，中华文明不是时代的概念，而是几千年不变的，实际上现在传诵经典还要解决一个问题，即传统文化的思想和内容跟现代生活有没有关系？如果这个问题不能很好地解决，我们做这件事情的合理性就会受到影响。怎么来看这个问题？

袁行霈先生的《中华文明史》里有一个非常重要的观点，中国文化有五大支柱，第一就是阴阳观念，第二是人文精神，第三是崇德尚群，第四是中和之境，第五是整体思维。我们看这五大支柱，从古到今其实都没有变。阴阳观念、整体思维，这是中国人的思维方式，到今天我们还是讲从全局看局部，从发展看眼前，事物总是有正反两方面，这不就是中国人的思维方式吗？古人是这样思维的，我们现在还这样思维。中国人的人文精神，我们知道甲骨文字是照着“人”来造的，这就说明中国文字以人为本、中国文化以人为本，中国人把人放在天地之间，跟天地齐等，这是一种人文精神。崇德尚群，中国人强调人与人之间要能够和谐相处，己所不欲，勿施于人。我们现在建设和谐社会就是强调中和之境，不要走极端，你自己做好了，也要让别人过得去。我们关心弱势群体，中国经济社会均衡发展，社会公平、教育公平，不就是一种中和之境吗？所有这一切，我们看到的是什么？从远古、中古、近古到今天，中国文化的内涵、中国文化的精神实质是被一代代中国人在一以贯之的。现在中央很多关注弱势群体的政策，全社会共同构建和谐社会的政策，和古人的思想是有明显的连续性的，这里面很重要的一个观点就是中国文化的生命力在今天照样焕发了出来，它可以改变中国，让中国发生在西方人眼里是奇迹的变化，在未来它照样有生命力。

有学者提到了一个观点，马克思生在德国，马克思主义在德国没有成功，却在中国成功了。为什么？是因为马克思主义的精神内核和中国儒家思想，和中国传统文化理念不谋而合。马克思强调剥削会产生阶级矛盾，资本主义走到极端以后一定会灭亡，共产主义的理念和儒家大同世界的理念差别并不大，所以马克思主义在中国获得了成功，到今天还在发挥着它非常重要的指导思想的意义，并不是没有道理的，它是跟中国文化一脉相承的。这就是说中国传统文化、中国革命历史和中国现代化历史、改革开放历史可以打通来看，其实都是一脉相承的。

有了这样的认识再来看现在怎么看经典、看传统文化，就应该很清楚了。无论是思想界、理论界还是教育界，都是应该高度关注的问题，能不能把古代的经典和现代的改革开放看作一个整体，这是现在诵读经典的理论问题。

【陶继新】在某种意义上说，中国传统文化已经渗透到中华民族每个人的心里了，具有一种巨大的生命张力，其中有三种核心理念是应当值得我们关注的。第一种是儒家精神里的“仁者爱人”。“爱是没有界限的”，那种仁者的境界，含有对他者的包容和关怀，也就是让自己活下去也要让别人活下去。在今天这个纷争的世界特别值得提倡。第二种是道家精神里的“反者，道之动”。按西方现代化思想，照着历史路径一直往前走才是最好的，这才是进步。这种思路往往导致过分强调竞争，把人当作手段而不是把人当作目的，而老子认为的道，不是一定要埋头向前走，经常退一步海阔天空。这就启示我们不要把事做绝。第三种是“辨证施治”的思维方式，把人乃至社会都看作一个全息的、和谐的系统。比如您刚才谈到的中医。而西方的科学精神往往是政治家也好，医生也好，把事情解剖成一个个相互割裂独立的部分，哪里出了问题，就解决哪里。这样是头痛医头，脚痛医脚。而我们常常头痛捏耳朵或者刮背，里面有一种在西方人看来很独特的智慧。

中华书局出了一本叫《寻找安详》的书。作者郭文斌，曾获第四届鲁迅文学奖，是银川文联主席、宁夏作协副主席。我看他写的《引子：安详是一剂良药》很有意思，他称自己得了一种怪病，遍寻良医均不得治。就在他心灰意冷的时候，他碰到了一位高人。他请教这位高人：“就我而言，当下应该怎么做？”这位高人说：“读安详的书，做安详的事。”他问哪些是安详的书时，高人就给他介绍了包括《论语》《老子》《庄子》《坛经》等在内的七八部书，说不管怎么样你都读一读吧。他心中大为震动，没有想到这些平时再熟悉不过的经典竟被以安详的名义配在这味汤剂里。这位高人还叮嘱他，每天用于阅读这些书的时间不能少于两小时，是否读懂并不重要，关键是读，一遍遍地读。病急乱投医，带着试试看的态度，他按这位高人的书单开始读书，不料身体果然渐渐好起来；两个月后，折磨他多年的病痛基本消失；半年后，他成了一个让大家羡慕的健康人，生活和事业也顺起来。

还有一个博士写的毕业论文，说他得了失眠症，甚至到了想跳楼自杀的程度。后来突然想到《论语》中一句话——“死生有命，富贵在天”（《论语·颜渊》）。于是，豁然开朗。慢慢地，即使在人声嘈杂的地方，他也能够安然入睡了，身体健康了，精神也好了起来。

从以上两个鲜活的事例来看，经典可释放生命的创造性潜能，这种释放是通过建立自我实现的架构，通过展现求道的心灵历程，通过开示终极之目的及至高之天命。经典所开示的生命智慧与众不同，它不仅仅转变我们看世界的方式，它也转变看人自身。经典不仅给我们带来知识，而且能够把知识转化成智慧。由此可见中国传统文化真的是神奇莫测。不过，我们如果不去研究，不去实践，而只是关注西方文化，我们的文化也会衰退。大凡有使命感的文化人，都应当像您所说的有一种危机感。我们不能说是在拯救文化，却可以让我们灿烂的文化更加绚丽多彩。

【王登峰】诵读经典的作用确实太大了，陶老师读了二十年经典以后，您的言谈举止，您对这个世界的看法，您对人生的看法有了非常大的变化，这其实就是一种社会智力，并不是你的学历、地位比别人高了多少，而是你在跟别人打交道时，在对待你的工作、同事以及周围的事情时，那种个人修养、个人素质在里面起作用。这靠的是什么？靠的是读经典。也就是说，读经典可以潜移默化人们的行为方式，最终的价值理念就是我们前面一直在讲的人文精神、中和之境、整体思维。

【陶继新】是的，王司长。比如我诵读了几十年的《论语》，对孔子高山仰止，景行行止；虽不能止，心向往之。他所说的“己欲立而立人，己欲达而达人”是我追求的理想境界。也正是在这个立己而立人，以及立人与达人的过程中，感觉到了生命的意义。人的一生只有一次生命，不应当庸庸碌碌、无所事事度过一生，而应当让生命焕发出其本应有的光芒。仅此还是不够的，应当用自己的光芒，来照亮更多的人，影响更多的人，让他们的生命也闪烁出灿烂的光芒来。

还有一个问题也是值得注意的，我们不能只在理论层面研究，还必须躬身实践，不然，再好的理论研究也只能是悬在太空的浮云而必将随风飘去。刚才王司长说到马克思主义哲学在中国的落地，就是一个很有说服力的例子。毛主席是一个思想家，同时是一个实践家；孔子是一个教育家，同时也是一个实践家。中国从古到今绝大部分大师都没有离开实践。

【王登峰】你说实践家，邓小平更是实践家。

【陶继新】对！他倡导的“实践是检验真理的唯一标准”的真理标准大讨论可谓影响深远。是啊！实践不仅是检验真理的标准，而且是唯一的标准。毛主席说：“真理只有一个，而究竟谁发现了真理，不依靠主观的夸张，而依靠客观的实践。只有千百万人民的革命实践，才是检验真理的尺度。”（《新民主主义论》）检验真理的标准只能是社会的实践。就像人一样，必须始终踩在大地上，踩在大地上就不会虚空。实践是中国最好的哲学，就算是老子，表面看他是谈玄论道，实际也是很有用的；儒家文化更是这样，就是在实践中扎根。

有很多人对我几十年来一直在教育一线采访不理解。是的，我几乎每周都要采访，采访局长、校长、老师、学生、孩子、家长、专家，或者政府官员，而且还要听课、评课等。通过这些教育实践活动，我有了一种实践的生命滋养，没有这种生命滋养，我的话语就会缺失生命张力，就会如水上浮萍一样没有根系。

有时候我在思考，多少大学里的知名专家皓首穷经写了一本书或几本书，结果除了被某些图书馆收藏之外，没有多少人阅读。而且，有的甚至在图书馆里也没有，只是他自己或送朋友几本。若干年后，这些研究成果也许就会无人问津，甚至成为一堆废纸。为什么《论语》只有一万五六千字，也不怎么高深玄妙，可是几千年来经久不衰，越来越多的人去看，并从中吸取生命的营养。就是因为孔子是在大地上行走的，他的所有话语都是有根之言，都是生命之语。

中国文化就像大树一样，深深扎根在实践的土壤里，没有大地的支撑也就完了。为什么讲“地势坤，君子以厚德载物”？没有大地“母亲”，何以“厚德载物”？

构建应知应会的标准

【王登峰】陶老师，我们谈了很多关于读经典的意义和价值，目前社会认同度还是很高的，不单对民族、国家有利，而且对个人的成长和修养都非常重要。这么好的一件事情怎么把它做好，其实是我们目前更应关注的问题。

“取法乎上”诵读

【陶继新】有的老师说，我读了很多书，并未见有多大的长进。我觉得问题在于你的读书走向出了问题。古人说：“取法乎上，得乎其中；取法乎中，得乎其下。”如果阅读高品位的作品的话，我们得到的仅仅是“中”；如果在“中”的层面阅读的话，我们得到的只是“下”。很多老师，或者说不少国人，所读的书是在“中”或者“下”的层面。“近墨者黑，近朱者赤”，如果你一直跟三流作者进行交流，你必定是在低水平上徘徊复徘徊，即使读了不少书，也不会有生命意义上的提升；也不会有因阅读而感悟的生命快乐的质的飞跃。

有道是：“名师出高徒。”我们的老师都希望自己的孩子和学生跟着名师学习，即“取法乎上”。可眼下名师难找，大师更是难以寻见。不过，我们完全可以通过经典作品来向这些未曾谋面的大师学习。为什么提出这样的问题?因为我们现在报刊、图书、网络等文化知识信息载体林林总总、斑斓多彩，自然也就有了上下之别、优劣之分。但往往因为泥沙俱下、鱼龙混杂，不会取舍或不知取舍便随意取来，结果就出现了“取法乎中”甚至是“取法乎下”的阅读现象。如果阅读的是三流“下”品，我想，不仅不会提高，而且还会对你既有的文化系统产生负面效应，所以在鱼龙混杂、泥沙俱下文化“繁荣”的当下，我觉得应该学会取舍，舍得——有舍方有得嘛。我们舍弃的是那些低层次的文化，取来的是思想与语言俱佳的经典。这样，就可以通过阅读，向大师学习智慧与思想，甚至与大师进行心灵对话。久而久之，便会渐渐向大师靠近，自己的思想境界也会越来越高，在自己知识越来越丰富的时候，进而生成属于自己的思想与智慧。

哲人言，一个人二十岁如果不读书，他已经老了。为什么这么说呢?因为人的生命除了一般人所谈的生理机能之外，另外还有一个精神和心灵的维度。没有精神和心灵层面的成长，没有它的滋润，你的内心是苍白的。而要想真正在心灵层面提升自己，就要阅读文化经典。

我有一个熟人，几乎是与我同时到济南工作的。有一天我们相见了，他百思不得其解地问我，1983年我们初来济南的时候，我的学历比你高，我的知识比你丰富，我的职务比你高，为什么现在你却超越了我这么多?我说，我一直在读书啊！他说，他也一直在读书。我问他，你都是读什么书?结果听他一谈，我恍然大悟了。他的阅读的关注点是“情趣”，大多在“中”“下”两个层面。我关注的是经典，大多在“上”的层面。于是，我笑着对他说，你读的书的层次低了些，仅此而已。

是的，如果我们一味地好奇，读那些没有太大文化含量的三流小报、武侠等报刊图书的话，即便是穷其终生，也不会实现生命的飞跃，甚至还会走下坡路。但如果我们直奔上层的话，就能够以一当十，用一天的所得，抵得上十天甚至更多天的阅读。这种高效率的阅读，其作用就是拓宽你生命的维度。我们每一个人都很关注自己的生命实体有多长的问题，但是你真正的生命不在表面和实体，而在精神生命和文化生命。从生命的意义这个角度看，“取法乎上”地阅读，就能够一以当十。所以，我认为，读经典之书，就是高层次的阅读，就相当于拓宽生命的维度。

另外一点，即便是经典，到底选什么，这里面肯定也是大有学问。儒释道三家文化，主体文化是儒家文化，道家、释家也要选，再从这里面选。哪些更有价值、更有意义，也需要进行遴选，所以这是一个有重大意义的工程，因为在目前诵读经典的过程中，我发现有的地方已经鱼龙混杂了，分不太清，甚至有个别地方把应该摒弃的文化糟粕也选进来了。

如果国家语委与教育部出面做这件事情，对于整个中华优秀传统文化的继承和发扬，对于整个中国人的生命素养的提升定然会起到重大的作用。

制定参考标准

【王登峰】我觉得读经典应该从三个方面来努力。第一个方面，要从学校抓起，教育部、国家语委最近这几年对这件事的重视程度越来越高，特别是各级各类学校在读经典方面的积极性也越来越高，进一步显示了读经典的效果。第二个方面，从整个社会来讲应该营造一种更加关注和热爱自己传统文化的氛围，从文化到社会各项事业，包括各个媒体，应该把注意力放在弘扬中华优秀传统文化上去。

有了这两个方面，读经典就已经非常好了，但我觉得还应当有第三个方面，作为一个中国人，我们应知应会的经典有哪些？打个不太恰当的比方，一个小学毕业生应该会多少首唐诗，应该读多少篇经典文赋。作为一个中学生、一个大学生、一个知识分子，他应知应会的中国传统文化内容有哪些。而且我们今天讲的主要还是读经典，其实，除了读经典以外，中国文化很多传统记忆，最容易被大家想到的就是书法，还有琴棋画，这种中国文化传统记忆其实也应该更多地被大家认识和接受，从这个意义上讲，如果我们能够订立一个参考标准，这个标准没有太多约束力，但每个人可以测试一下自己对中国文化了解的情况，包括将来全世界对中国文化的关注度越来越高，一个外国人来到中国，他对中国文化知道多少，我们有没有标准检验一下，如果这样的话，从学校的教育到整个社会文化的氛围，再到我们对中国文化认识和了解的考核和检验，这个标准的建立可能对于我们中华经典的诵读和中国文化传承都是非常重要的。

每一个学校、每一个班级，甚至到每一个老师，他对于中国传统文化应知应会的内容有不一样的理解，比如《孙子兵法》，到底是一年级读还是六年级读？或是到了大学才可以读？我觉得这完全可以按照每一个老师、每一个学校的理解来进行。

【陶继新】应知应会的经典究竟有哪些？小学生、中学生与大学生以及教师与公务员等应当会哪些经典？应当有一个基本标准。现在没有统一的标准，有的学校还没有开展经典诵读活动，甚至有的人还对此心怀抵触。好在有不少人对于经典诵读有了深刻的认识，特别是付诸了实践之中，取得了明显的效果。

中国曾经演绎过诗词歌赋的辉煌历史，但现代的学生却因应试的羁留而与古代诗词难有深情的会晤，即使学习课本上有限数量的诗词，也多是情不得已地为考而学。但一个学习者如果没有诗意的存在，就会缺失创作灵气，没了浪漫情怀，少了活跃思维。而整个社会对于诗意疏离的结果，便是功利之心漫卷肆虐，畅行无阻。

2004 年 9 月上旬，我采访了江苏省张家港高级中学高万祥校长，因为在别人拼命追求升学率的时候，他却在学校里制定了一个经典应知应会的标准。他本人就是一个追求诗意的人，他出版的第一本书就是《语文的诗意》，他常说的一句话就是“追求教育的诗意人生”。诗意离不开古代诗词的熏染陶冶。他在自己背诵古代诗词的同时，也让所有的学生都走进这一辉煌的殿堂之中。所以，学校规定高中三年，每个学生至少要背二百首古诗。“腹有诗书气自华”这一经典诗句，在张家港高级中学的学生身上有了绚丽的展示。他们随口诵出的诗词佳句，在与人交往和写作中都有了卓尔不群地展露。而走进大学和步入社会之后，这些诗书更是成了他们信手拈来的一笔文化财富。同时，在高校长看来，阅读中外经典名著是学生聆听大师声音的另一种文化形式，是与大师精神对话的心灵之旅。学生不仅可以从中感受审美体验，享受文学滋养，而且还可以升华思想境界，提高人格修养。对名著情有独钟的高万祥校长，希望学生经常性地在这一精神世界中自由地遨游。为此，他规定学生三年之内必须阅读四十部以上的文化文学名著，并安排了专门的阅读课时，每周两节，语文课和自由阅读课各一课时。在这种课上，教师不必讲授，学生自由阅读。好书就在教室之中，选读权握在自己手里。学生非常欢迎这一精神漫游，尽情地吸收着这一精神大餐所给予的高层次营养。

与此相伴而行的是，高万祥又自编了每月一期的《大语文阅读》。它取自当代优秀报刊的美诗佳文，充盈着鲜活的生活气息。宛如将池塘活鱼和田间鲜菜取来立马烹调，随即送至学生口中，鲜美之味妙不可言。学生已经将《大语文阅读》作为必读的期刊，乐在其中、不忍释怀的现象甚至成了一道诱人的风景。高万祥认为，具有鲜活生命的学生，与具有鲜活内容的当代文化，有着一种天然的维系，爱之弥深自然也就是情在理中的事情了。

高万祥校长认为，高中学生不应是坐在课桌旁的只会学习的书生，而应是具有丰富多彩生活的当代年轻人。无疑，当代传媒可以为学生提供色彩斑斓的生活空间。但高万祥校长不主张学生多看电视。他认为，电视虽然在文化普及中功不可没；但同时其节目又鱼龙混杂，缺少文化含量。既让学生感受当代传媒艺术之美，又能让其在美感体验中提升文化品位，中外名著改编的电影则不失为一种上乘的选择。为此，高万祥将其作为校本课程，让其登堂入室，堂而皇之地与当代学子“面对面”。张家港高级中学有很好的礼堂，有大型的屏幕，有先进的网络，于是，《红楼梦》《三国演义》《简·爱》《巴黎圣母院》《百万英镑》等中外名著改编的电影就成了高中生校本课程中一道绚丽的风景。曲折的故事情节，富有动感与色彩的电影画面，令众多学子乐而忘返。而著名文学家的思想情感与美学追求，以及改编者的艺术趣味，便在“润物细无声”中走进学生的心田。

采访的时候我问高万祥校长，不少学校的高中生已经不看课外书了，您这样让他们必须背诵、必须阅读、必须观看，到底是为了什么？他说，高考当然要关注，可是，如果一个高中生毕业之后，只是考了高分，而对必须学习的经典所知甚少，就不是对他们的生命负责。在学校里为学生装点文化底色，对于他们走向未来、走向社会，必然会起到巨大作用。

【王登峰】不过，以前积极倡导与实践经典诵读的学校，并没有一个固定的标准。所以，国家语委与教育部组织专家与教师制定一个比较科学的应知应会标准，就会让全国所有的学校有规可依，就会在更大的范围内更加有效地开展经典诵读活动。

作为学生来讲，我们可以说你是小学生，就从小学库里学习篇目，是大学生就从大学库里学，对于社会各界人士，完全可以自学。比如现在我快五十岁了，但从来没读过中华经典，就可以从小学库里挑出一些篇目学习。虽然上小学，但陶老师上午也讲到了，可能他已经背了十万字的经典，这样他就可以直接进入中学资源库，可以成为一个大家认识经典的模板，让大家看到他的思想内涵、艺术造诣达到了什么样的程度，这样可以引起全社会对于中华经典优秀文化的热爱，有了这样的资源库，它确实可以起到对中国文化做全方位展示的目的。

【陶继新】标准与年龄没有直接关系。就像现在有的人虽然已经五六十岁了，可是，他可能还没有大学毕业一样。为了获得这个文凭，就要重新进入大学之门，或者自学。有了经典应知应会标准之后，人们就要“对号入座”，就要进入标准。这样，就会从整体上提升人们的文化与思想素养。

如何继承扬弃

【王登峰】这里面还有一个问题，刚才陶老师也特别强调了，就是有选择性。中华经典不论多么伟大，流传了多长时间，里面一定有不适合现代社会的，这里面的取舍不是根据讲者本人的喜好，而是根据中国文化的与时俱进。在很多地方很多事情古人是这么做，讲到这里时我们可以说，古人就是这么想这么做，但它已经不适合现代社会了，讲经典的人一定要把这个意思表达出来，古人的这个意思是什么，到了今天我们应该怎么看，有些是我们要直接传承下来的，比如大同理想、和谐社会、整体思维、对人的尊重、强调道德……

还有一些东西可能是我们无法继承的，或者是继承了反而对我们有害的，在讲的时候这是非常重要的。

【陶继新】我们既要继承优秀的传统文化，又要剔除其已经过时的糟粕。唯其如此，经典诵读才能发挥其应有的作用与意义。就说儒家文化吧，这是中国文化的精髓，影响了中国几千年，而且影响至深、至远、至巨。不读《论语》《孟子》《大学》《中庸》等儒家经典，就无法了解儒家；不了解儒家，就不了解中国文化。我们批判传统也好，弘扬传统也罢，前提必须是了解。一个对儒家文化不了解的人，就没有资格去批判儒家，更无资格去弘扬儒家文化的优良传统。2003 年夏天，我在采访山东大学哲学与社会发展学院教授、博士生导师，中国哲学研究所所长颜炳罡的时候，他就对我说，没有伟大民族精神的复兴，就谈不上伟大民族的复兴，而民族精神蕴含于中国文化之中。传统经典是民族文化和民族精神的重要载体，而诵读中华经典尤其是儒家经典，是理解中国文化、弘扬与培育民族精神的重要方式与途径。

儒家文化在剔除糟粕、筛选过滤之后，完全可以拿来为现代文明所用。所以，既要站在儒家角度来审视、观照、批判当代社会，调动传统精神资源，回应、回答现实问题，关照当代社会；也要站在当代社会发展的角度，审视、观照、批判儒家文化传统，丰富、完善儒家传统，使两者之间双向互动，共同发展。（陶继新《山大诵读班：儒家原典的义教课堂》，《中国教育报》2003年8月26日第5版）

【王登峰】当我们确定篇目以后，首先会在网上征集社会各界对我们选取篇目的意见，比如小学库里六百篇，我们列出来，看看大家有没有不同意见，如果有不同意见我们再做调整，最后确定下来。全国各地每一个部门，特别是各级各类高校，由他们来推荐讲这个篇目最好的老师，我们一定要把全国甚至全世界的名师都汇聚到一起，因为这是千秋万代的事情，这样选择名师来讲解，应该就没有问题了。

但后面还有一个处理的办法，这些篇目讲完之后还要组织一个大家信得过的专家委员会对每一个篇目的讲解进行审定，专家们认可了，我们再把它放到资源库里去，可以确保整个资源库是国家行为、政府行为，同时又能流传百世。有了这样的东西，对于社会各界人士以及外国人了解中国文化就提供了很好的基础。

【陶继新】王司长，因为这件事是一个关乎国民素质提升的文化工程，所以不能掉以轻心。同时，如果没有良知与责任感，也不可能将这件大事做好。从某种意义上说，您与一批志同道合者，正是肩负了一个文化使命而在积极探索的。

建立中华经典资源库

【王登峰】从我们来讲，我们定应知应会范畴的大框架应该是中国文化的精髓，当我们讲到中国文化时，它基本的要件是哪些，“四书五经”“二十四史”还是古典名著？对于这些应该首先有一个大范畴，从远古、中古、近古到现代都应该包括，现在教育部语委准备做的事情，就是建立中华经典资源库。

【陶继新】建立中华经典资源库是一个弘扬中华优秀传统文化的工程，意义重大，利在当下，功在千秋。

【王登峰】这个资源库包括两大方面的内容，第一就是从中国典籍里精选出一部分篇目，这些篇目要达到涵盖整个中华文化最重要的精神、最重要的思想和最重要的篇目，里面要包括经史子集，包括中医，把这些东西挑选出来之后，有人说这实际就是《四库全书》的精选本，《四库全书》是中华文化集大成，从里面精选出一些篇目，虽然它不全，但它代表了整个中华文化的精髓。

【陶继新】如果学了这个《四库全书》的“精选本”，文化品位就会有大幅度的提升。著名学者任继愈先生说，读一年古文就相当于高中阶段的水平，读两年古文就相当于大学的水平，读三年古文就相当于大学中文系的阅读水平。如果读上十几年、几十年，又都是读的古文中的精华，水平当是多高啊！

【王登峰】第二个来源把目前大中小学的语文课本里涉及的经典诗文全部挑出来。我们在想做一件什么事，根据语文课本里提供的经典，比如小学一到六年级涉及了多少经典，把我们前面从中国典籍里挑选出来的篇目对应上，看看哪些应该对应到小学课本的范畴里和它一致，再把其他的放到中学、大学，这样我们就可以大概分成三组：小学应知应会的有了，初中和高中的有了，大学以及以上的都有了。

【陶继新】一旦有了确定的篇目，有了资源库，就会为教师与学生指明正确学习经典的路径，就会大大提高学习经典的质量与效率。

【王登峰】有这样一个资源库，第一提供给大家的是篇目，假如有两千篇，这两千篇里分成三组，小学组、中学组、大学组，其实里面包括了两部分内容，课本里已有的，无论是国家的教材标准还是校本课程、省里课程，都隐含了应知应会的内容，这里面一定是不全的，我们再从“四书五经”“二十四史”《四库全书》里挑出一部分来补齐，补齐之后这就是三个等级的应知应会的内容。

有了这个内容，我们全社会，小学、初中、高中到大学，包括社会各界的人士，都可以根据这个标准按照自己的情况来选学。

这个中华经典资源库的建设就是依托大量专家精选篇目，然后对它进行大概分类，这还只是一个范畴，将来肯定还需要社会各界的关心和支持。

【陶继新】制定了标准，不同层面的人就可以“按图索骥”，对应着去学习。而且，不少人会感到自己差之太远，产生危机感，从而在产生一种内在的学习动力。

【王登峰】如何去检验？每一个小学版、中学版和大学版经典篇目都可以做成一个知识库，我想了解一下，在读十年经典之后我是达到了小学水平、中学水平还是大学水平，我们应该有一套方法来检验。这种做法第一还是为了让大家了解中华文化，我们一说就是“博大精深”“源远流长”，但这里面一定有我们最应该掌握的内容，看你达到了什么水平。

【陶继新】正像新课程一样，有课程，也要有相应的评价体系，这就是您所说的“检验”。没有科学的评价体系，有的地方的经典诵读就可能做不到位。不过，当师生真正感受到经典的意义与作用之后，即使不进行检验，他们也会乐此不疲地学习的。

【王登峰】第二就是激发学习的积极性。我已经快六十岁了，对于中华文化的境界我还没有达到小学水平，一个小学毕业生应知应会的内容我还不会呢，那我真的应该好好学了。我刚刚读到高中，对中华文化应知应会的内容已经掌握到大学以上了，这对一个人来讲应该是非常好的感受，同时我们也相信，这个人以后的成就、修养也会非常好。

【陶继新】激发学习的积极性，当是诵读经典的要道之一。2001年，我曾经发表过一篇长篇报道——《腹有诗书气自华——苏静老师与青云斋、兰若轩的诗词情结》，其中详细地叙写了青岛市嘉峪关学校二十三岁的青年教师苏静与她的学生乐学乐写的情景，以及她的学生背诵诗文百余篇，论诗赏诗，侃侃而谈，甚至两分钟内便可轻松赋诗一首的“神话”故事。

课堂上，偶有学生用上一两句诗词，苏静老师便大加褒扬，从显性和隐性两个层面向学生注入这样一种信息：老师喜欢和欣赏学诗诵诗的孩子，腹有诗书可以受到同学们的青睐与赞扬。同时，苏静老师又通过讲诗词故事、诵诗接龙、出游诵诗等形式激发学生背诗的积极性。她还把男女生组成两个棋逢对手的诗社，男的名曰“青云斋”，女的名曰“兰若轩”。每个诗社都想胜过对方，对阵赛诗场景呈现激烈而又精彩的特殊景现。此时，读诵古诗词，已经成为学生的最爱，成为其精神生活必不可少的一部分。

在学生背诗达到相当数量与赏诗达到一定水平时，作诗就成了水到渠成之事。有课堂上作诗赏诗的争相诵唱，也有休息时作诗对诗的各抒其怀；有“青云斋”与“兰若轩”“你方唱罢我登场”的擂台比试，也有三四人交流切磋的独特景观。作诗，成了学生的一种内在需求和生命追索，成了乐在其中的一种精神享受与审美体验。

中国是一个有着五千年悠久历史的文明古国，诗词歌赋在其间闪烁着耀眼的辉光。引导他们发现它的美，欣赏它的美，并走进仿写和创作诗歌的王国里，享受美感体验和挥洒才思的愉悦与幸福，是顺其天性的一条自由之路。

看来，人的潜能是一个有待开发的丰富矿藏，只是人们平时将其投入沉睡状态而已。唤醒和激发这种潜能，提升其诵写经典的积极性，便会还人类一个巨大的惊喜。

内容形式的多维展示

【王登峰】从我们前面谈到的诵读经典的价值和意义来讲，我们已经看到了，真正去读原文才是更重要的，但我们也应该看到，随着时代的变化，古人很多表述方式，甚至它的字面含义我们也比较难以理解，因此，我们在建设资源库时就采取了多维展示每一个篇目精神内涵和艺术魅力的做法。

比如《出师表》，如果我们选中《出师表》作为经典资源库的组成部分，那么怎么去向大家推广呢？我们想了这样的办法，用讲解、朗诵、吟唱和书写四种方式进行展示。

第一是请名师对诸葛亮创作《出师表》的前后背景、作品思想内涵以及作者的艺术修养、文学造诣等全方位地讲述。有了讲解，我还想听听一个名家朗诵《出师表》是什么样的，我们再请一位名家把它朗诵一遍。

现在很多老师在教学生们吟唱，其实中国古人过去对于诗词歌赋都是要唱的，“吟唱”也是中国文化非常重要的传统，只不过目前会的人越来越少，我们也计划在经典资源库里对经典诗文请相应专家吟唱一遍。这是第三种方式。

第四种方式，请书法家把这个作品写一遍，他最后写成的作品我们把它放进资源库。点进一篇《出师表》，我们就可以听到最好的老师讲解、最好的艺术家来朗诵吟唱、最好的书法家把它写下来，这就是全方位感受中国文化的过程。

【陶继新】从不同方式展示经典，可以有效地传递经典的品位与风格，让人们更好地了悟经典之美。

讲 解

【王登峰】当然，在这里面，特别是在讲解时，可能我们要针对不同的对象，这就涉及到了刚才我讲到的分类、分级的问题，面向小学生篇目的讲解和面向大学生篇目的讲解应该是不一样的。

【陶继新】“因材施教”是孔子最重要的教学方法，今天非但一点儿不落后，还正在为更多的教师所采用。您所说的分类而讲，就是“因材施教”。对小学生讲得要少，要浅；对大学生则要深一些。有些中学的名师，在讲经典的时候，既关注了对象，又讲出了品位。我在采访上海八中特级教师沈红旗的时候，他就谈到，学好古文确实需要大量的背诵积累，但没有教师的精妙点拨，诗意盎然的品味涵泳，便会沦为索然寡味的死记硬背，难以渗入学生的灵魂深处。而人们阅读文言诗文时，在用冰冷而锋利的解剖刀分析了每字每句的含义之后，总是未能退后数步，以敬畏的目光眺望那些经典诗文呈现出的浑灏苍莽的精神气象，感悟其强烈而深厚的人文关怀。所以，唤醒古文教学的生命意识，便成了他追索的一个至高目标。

【王登峰】对学生来讲，他本身是受教育的，老师讲得好，他就更容易对这个问题感兴趣。很多小学生某一门课学得不好，不是因为他本身缺乏这方面的能力，很可能是因为讲这个课的老师他不喜欢，或者是这个老师在讲的时候不能提起他的兴趣。

刚才陶老师讲到了，对于老师的选择确实是最重要的环节。第一，讲解肯定是讲原典，不会随便讲。比如讲《论语》，我不会说《论语》里有这样的思想、那样的思想，对不起，你不要这样讲，选了《论语》中的一段，这一段是怎么回事，你把它讲清楚，然后再结合《论语》的整个思想、孔子的整个思想来发挥，但起点是我们选择的这个篇目。

另外刚才陶老师讲的一个观点也很重要，对于不同年龄段、不同知识基础的人来讲，讲的应该是有区别的，不是思想内涵上的区别，而是讲述方式的区别。比如对于小学生来讲，更多应该用讲故事的方式，《论语》里讲了，孔子带着他的学生在河边洗澡，又有春风，于是孔子就讲了一段话。对于大学生来说，完全没有必要这么讲，而应该更多地从他的思想深度、人生感悟和他对世界的看法上做一些更抽象的讲述，但其中的内涵应该是一样的，不能够把经典里的一部分拿出来进行讲解，而应该完整把握。

【陶继新】王司长说到这里，令我想到了在曲阜教学期间，我常常在夕阳西下的时候到沂河边散步。而每到河边，我都会想起《论语·先进》中孔子让其弟子“各言其志”的教学场景。我甚至认为，那是至高至上的教学境界。特别是子路、冉有、公西华都认真回答了老师的问题之后，曾皙却依然坐而鼓瑟，如果不是孔子问“点，尔何如”，他也许还会对孔子的提问充耳不闻。就是回答的内容，也是“浴乎沂，风乎舞雩，咏而归”，与孔子其他弟子所言之“志”风马牛不相及，“似要的事”。可是，孔子却是“喟然叹曰：‘吾与点也！’”这既彰显了孔子的包容胸怀与思想境界，也可以看出他对曾点的“无意必”与“不器意”的“许之”（王阳明《传习录》）。我想，现在很难找到这样老师了。是啊！十几年来，我一次又一次地诵读《论语》，越来越感到孔子教育思想具有超越时空的意义。

比如说大家都知道的“子在川上曰：‘逝者如斯夫，不舍昼夜’”这一句，李泽厚先生是这样解说的：“这是对时间的咏叹调，是人的内时间……这种‘时间’是没有规定性的某种独特绵延，它的长度是心理感受的长度。”而对人们的内在启迪则是，要抓住这易逝的时光，使生命的长度更显亮色。李泽厚先生之讲，很能引起我的共鸣。同时，孔子这句话还让我想到：孔子站在河岸上，看着河水一去不复返地流去了，于是，感慨万千，难道流走的只是河水吗？不！还有再也回不来的时间。只是流逝的时间吗？不！还有人的生命的流逝。所以，他意在告诉人们，一定要抓住易逝的时光，乐而忘忧地学习，持续不断地发展，从而让生命不断地发展乃至产生一次又一次的飞跃。

【王登峰】在学校教育里，我们希望各级各类学校把诵读经典当成必修课，经典确实应该渗透到教育教学的各个环节里去。

同时我们现在还在学校提倡第三点：讲经典，这不是我们前面讲的经典资源库里由著名学者讲，而是让学生讲。比如李白的诗，老师讲完了，大家都听进去了，下一堂课学李白的诗，大家回去做准备，明天上午我们先请三个同学讲一讲自己理解的李白的诗。

这有什么好处？第一，鼓励学生自主学习。第二，他真正学懂了才会真正对他有用。更重要的是，当他学懂了，又能在课堂上讲出来时，那会使他整个语言水平、语言素质有所提高。

我觉得现在的孩子有一个问题，当他去讲一件事情时，如果是嬉皮笑脸，开着玩笑，没正形地讲，他可以滔滔不绝。但如果说现在你停下来，把这件事情给我说说怎么回事？有时候他就不会说了。也就是说，从小就训练他讲经典，这对于整个语言文化素质和语言文字应用水平是极大的促进，而且因为讲的是经典，将来他在讲什么时引经据典和讲话方式都会受到潜移默化的影响。

这里面就牵出了另一个话题，现在很多中小学生都要学各种各样的课外班，甚至要升学，包括高考，小升初，都有很多加分项目，比如学奥赛、学小提琴，学这个学那个的，这些有没有意义呢？非常有意义，一个学生、一个孩子的成长应该是全面发展的，但现在在我们的教育里、在家长的心目中，缺乏一个基本认识，到底让孩子学哪方面的技能对他一生的发展最重要？你说我会拉小提琴、会弹钢琴，这对一个孩子的整个个人修养是非常有帮助的，但这个技艺在他一生发展中有多少时候能够用得到？很少。上大学开个联欢会，你说我会弹钢琴，结果发现所有的人都会弹钢琴；你说我会拉小提琴，差不多一半的人也都会。只是在那一刻对这个人来讲有意义。

有一种技能在你掌握以后，毕生随时随地都在伴随着你，那就是说话的能力。只要不患哑疾，大家都会说话，但怎么把话说得准确，说得得体，说得别人爱听，说得能够打动别人，这就是一种文化修养，还不仅仅是一种能力。这种能力怎么培养呢？诵读、书写、讲解经典，这对于一个孩子的全面成长，或者说对他将来各方面的发展都是最重要、最基础性的工作。

换句话说，现在我们强调提高孩子的全面教育，不输在起跑线上，怎样才能不输在起跑线上，怎样才能对他将来一生发展有着非常重要的价值，我们应该从伴随他一生的技能和技巧，伴随他一生的能力和素质方面培养起来。我希望所有家长、所有老师、所有校长们都能够认识到这一点。

【陶继新】王司长所言极是，学生会讲是一生受用的能力。现在有的学生尽管考了很高的分数，可是，当让他站在公众场合讲话的时候，往往“欲说还羞”，甚至连话都说不出来。而一个口才不好的人，一旦走上社会，就会遭遇很多尴尬。所以，应当大力培养学生的口头表达能力。而讲经典，则是提高学生口头表达能力的最好方式之一。可是，在一个教师作主导的课堂上，学生言说的机会少得可怜。只有让他们走上讲台，让他们也做教师的时候，才有锻炼口才的机会。犹太人在教育孩子时就特别提出“培养孩子扮演教师的角色”，这样孩子才能够非常快速地吸收所学的知识，找到自信的方法，并发现自己的价值。

我采访四川省蒲江县中学王祥高校长，发现他们的学生能从容不迫地站在讲台上。王祥高甚至对老师们讲，这些大约占三分之一的学生比我们教师强，让他们当“小老师”，会比老师们讲得更好。此语一出，全校哗然。老师们甚至说王祥高有点“胡言乱语”。教师只教一个学科，而学生则要学许多学科；况且教师有多少年的教学经验了，难道他们比我们强？

“是的，他们比你们强！”王祥高一点儿也不退让。他在大会上讲了如下的道理——其一，他们大都可以考上重点大学，可你们没有考上。其二，学生在讲的时候可能存在问题，可是，教师可以去帮他们；而教师讲错之后，学生大多不好意思说出口来。特别是全班几十个学生，一方面在听小老师讲课，一方面也在“吹毛求疵”。所以，这样的课堂，即使有点问题，也逃不出师生的“火眼金睛”。其三，俗话说：“三个臭皮匠，顶个诸葛亮。”全班几十个学生全都参与到教学中来，必然超过一个教师的水平。由于参与其中，由被动听课变成了主动学习，注意力也会高度集中，学习效率也就自然而然提高了。

老师们半信半疑。

当学生走上讲台之后，老师们惊诧了！那些在老师看来并不怎么样的学生，竟然在课堂上滔滔不绝地讲了起来，而且言之成理，大有“弟子不必不如师”的况味。于是，整个课堂活跃起来，告别了死气沉沉，迎来的是热火朝天的新气象。

人的潜力是巨大的，而很多教师漠视了这种潜力。而教师的越俎代庖，又使学生的这种潜能一次又一次地遭到打击。于是，潜能进入睡梦之中，最终走向死亡。有效地挖掘学生经典学习中讲的能力，不只是呈示在当下，而且在其一生的发展中，都会起着不可估量的作用。

为什么有的学生不会讲？不是他不具备这个能力，而是你没有给他讲的机会，一旦你给他阳光他就会灿烂起来，但你没有给他机会。老师在教学当中，特别是在经典诵读的过程中，如果让学生自己讲，那么他对经典的认知、把握会深刻得多，甚至再有几次讲得很精彩的成功体验，会使他一生都爱上经典。

大人讲的和孩子讲的感觉就是不一样，包括孩子教孩子，也是不一样的。前些天我去一所学校听课，很是感叹。他们实行的是小组合作学习方式，在小组之内，更多采用的是“兵教兵”方法。一个小女孩在教一个小男孩一个问题的时候，讲了三遍那个小男孩都不会。你猜这个小女孩怎么样？过去扭住他的耳朵说：“讲了三遍你还不会，真是一个大笨蛋！”小男孩也不生气，幽默地告饶道：“小姐饶命！”你看，如果是老师去扭他的耳朵，这个男孩肯定认为是受了奇耻大辱。可是，孩子之间没有这种心理隔阂，他们有自己的话语系统，有彼此的心理信任。

老师们讲得再精彩，能比得过春晚吗？每年一次的春晚，收视率是百分之百吗？你表演得再好，能比上春晚的小品吗？如果一年到头每天晚上都是“春晚”，你能坚持收看吗？问题在哪里？问题在于本应该是课堂主体、学习主体的学生被“边缘化”得只能当“观众”了！出路在哪里？在于回归主体——让学生真正成为课堂的主人、学习的主人！具体讲，就是在学习经典的时候，要让学生真正高效地深度参与到课堂教学中来。那么，学生真正成了课堂的主人之后，他们是不是也一味地表演了呢？不是。他们的主动意识觉醒之后，焕发出来的学习热情，有一种“天然去雕饰”的美，有一种“道法自然”的从容与快乐。而且，由于心灵的高效，学习的高效都是水到渠成的，而不是强行为之的。

朗诵与吟唱

【王登峰】朗诵对于感知经典的内涵与审美意味非常重要，因此，除了请名家、请老师来朗诵以外，还可以请小学生，那些朗诵得好的学生来做示范，这对于同龄的孩子来讲是极大的鼓励，这样建成的资源库就是中国文化应知应会的集大成者。

【陶继新】中国古代经典一个突出的特点，就是只可意会不可言传。而朗诵，却往往让我们从中感悟到文中的要义所在，甚至可以陶醉其中。在采访北京语文特级教师韩军的时候，他就特别重视诵读，他说，千百年来，教语文从未离开“诵读”，包括背诵。他把这种扯开嗓子，摇头晃脑，或慷慨激昂，或婉转地朗读，称作“美读吟诵”。他说，美读吟诵，是“人心”与“文心”感应，文字是立体的——诵读使平面文字达于立体；文字是交响的——诵读使无声的文字形成交响。美读吟诵，在传统语文教育中行之有效、有大效。韩军对吟诵颇有心得，他说吟诵的关键，是“随心所欲”“道法自然”。重要的是“心”，心到音才到，若心不到，则音抑扬顿挫，也失去自然！吟诵非喊，矫揉造作，拿腔拿调，是对听众和吟诵本身的双重蹂躏。“诵到极致就是‘说’。”这是韩军对诵读的理解。诵读的至境，是平平淡淡、自自然然地说话，平白质朴地说话，生活化地说话，用心来说话；生活中平凡百姓无一点矫饰地说话，正是吟诵的至高至纯的境界！诵读者之“心”与文章作者之“心”达成共鸣，那么，淡然去说，自然去说，随心去说，便能动听众心魄。诵读是一颗“心”在支撑。读杜甫的《登高》，韩军化身为杜甫，有了“不尽长江滚滚来”的雄浑；读李商隐的《隋宫》，韩军直入其心灵，为课堂营造一种反讽的氛围，嬉笑怒骂见神韵；读《大堰河》，就与艾青心心相通，令现场成百上千的听课人潸然泪下。

诵读看似传统，然效大矣！一是文字功力见大效，二是精神体验见大效。体悟经典文本“文辞”“文脉”“文气”，化先贤血肉为学生血肉，接通先贤心灵，为精神垫底。这种方法，当是经典的便捷之法、本然之法。

【王登峰】现在会“吟唱”的人已经很少了，可是，这个方法对于背诵与理解经典，都会起到意想不到的作用。所以，在中华经典资源库中，我们要有吟唱。它会让现代人有耳目一新的感觉，甚至可能由此成为经典诵读的一个不可或缺的有效载体。

【陶继新】我也很久没有听过吟唱了，不过，2009年7月17日至20日，在潍坊市举办的“首届名家人文教育高端论坛暨名师课堂研讨会”上，来自华南师范大学附属小学的陈琴老师让与会人员领略了吟唱的特有魅力。课堂上的吟唱之声优美动听，教师与学生都进入到了忘我的审美境界。课后，我问陈琴何以有此绝技？她告诉我，她曾有幸遇到好几位有过旧时私塾童子功的老先生，尽管已届发白齿落的耄耋之年，儿时诵读过的诗词歌赋却能倒背如流。特别是她的外婆学过吟诵调，后经她的研究，才形成了她那独具风格的吟唱法。

陈琴认为，《周礼·春官·大司乐》记载：“以乐语教国子，兴、道、讽、诵、言、语。”——这几种方式我们现在有多少人在用呢？《墨子·公孟》说：“诵诗三百，弦诗三百，歌诗三百，舞诗三百。”——这些诗竟然是这样读下来的呀！我们今天极难想象，读诗的方法竟然有这么多！诵之，歌之，弦之，舞之，古人竟然分得这么清楚！

弦歌、朗诵、吟咏，这些文人雅士的读书方法并不高深，旧时但凡读文字时都会依着一定的调式来念。私塾先生也许深谙“吟唱”助兴的玄机，教儿童读书，其实就如同教儿童歌唱。可以想见，古时的人读书都像唱歌。他们不像现在的教师教学古诗词时，企图通过详尽而枯燥的讲解使学生记下诵读的诗文，而是依着诗词固有的音律，循着一定的调式“唱”出来。通过一段时期的练习，陈琴老师的学生不仅爱上了吟诵，而且学生跟着老师吟诵几遍，诗词的情感和意境已经被学生捕捉到了，重要的是，它很容易被记住，因为它是以词的固定旋律被记下来的，很少有记错的。六年下来，竟然可以背诵十多万字的经典。如果没有吟唱这种形式，恐怕很难让学生乐于背诵如此之多经典的。

犹太人在教育孩子时，就是让孩子动用全身的器官来进行学习。他们称作“投入学习法”，即将眼看、口读、耳听等各种方式综合起来，而不是单纯地阅读。他们用一种旋律来吟读，读时除了抑扬顿挫地朗读，还要按一定的节律左右摇摆。他们一边用右手按着课本，一边动用所有能想到的身体器官，按照文章的意思，将自己完全投入进去。可见吟唱这种形式，在学习经典文化时是非常好的方法。

【王登峰】我上初中的时候，有一次我们语文老师生病了，那一课正好是讲《木兰辞》，就从我们村里请了一个老先生教我们唱《木兰辞》，我学了那么多课文，到现在还能背的只有《木兰辞》，我现在还能唱。

【陶继新】这种吟唱古已有之，后来断断续续丢掉了。《诗经》原来有好几千篇，到孔子整理删削之后留下了三百零五篇。对这三百零五首诗，孔子是逐一配乐的，《论语·子罕》中就有记载：“吾自卫反鲁，然后乐正，

《雅》《颂》各得其所。”遗憾的是，后来这些乐谱都已经失传了。

【王登峰】这就是我们最大的遗憾，应该是中华民族最大的遗憾。《乐经》找不到了；但这种口口相传的吟诵还是有的，而且现在有很多流派，现在我们也在想办法抢救吟诵的传统，我们专门成立了一个吟诵学会进行搜集和整理，包括录音。你刚才讲到了，现在会的人越来越少，我们要让有限的还会的人的吟诵调能保留下来，但在我们的经典资源库里我们要把它变成普通话吟诵，这也是为了更好地普及。很多方言吟诵，对于懂方言的人来讲听起来很美，但不懂方言的人永远都学不会，普通话是大家都会的，而且本来就有官话吟诵。所以做这个资源库是抢救性的，特别是对于吟诵。

书　写

【王登峰】我们强调“写”要书写经典，在写的过程中既练了字又把经典读了。

现在很多学校不太重视写字课，课表上有，但全部被别的科目占了，比如语文课或其他课，这是一种急功近利，我们还是呼吁每个学校都应该重视写字课，虽然现在到了电脑时代，我们很少用手去写了，但是写字，特别是对于中国人来讲，写好字是一种文化传承，也是应知应会的。

【陶继新】现在日本都有专门的书法课。我们中国古代传统文化中就专门有写书法的文章，中国书法有四品论，就是将书法艺术品位的高低分为四级，一是逸，二是神，三是妙，四是能。人工的技艺就是能，属于最低级，而逸品是自由自在的，不受法度限制，天真质朴，正如做人一样，做人的最高境界是与自然合一。《书谱》作者孙过庭就提出了“同自然之妙有”“本乎天地之心”的观点。何谓自然之心？即大自然深层生生不息的精神，同《周易》中的“生生之谓易”观点不谋而合。孙过庭提出了书法和做人是一样的、要妙悟和人工并重的思想。

【王登峰】他们叫“书道”。

【陶继新】古人说：“文如其人。”那么，是不是字如其人呢？一个性情特别急躁的人，写起字来也一定是“龙飞凤舞”，后来甚至连自己写的也不认识了。通过字可以看出一个人的心静如何，这个与技巧没有特别重要的关系，即使技巧很高的人如果心不宁静的话，写出来的字也可能很浮躁。孙过庭认为，书法不是“形学”而是“心学”。字写不好，有的时候还会吃亏的。有的考生由于字写得不好，被扣了卷面分。为什么呢？改卷人看了这样的试卷，未改已经产生厌烦心理了。

【王登峰】阅卷老师不愿意看，不只语文，其他卷子也是这样。上午我讲了山东潍坊，潍坊很重视写字课，他们的理由说出来大家都接受，字写好了，几门课考下来你可以多得二十分以上。

即使是在应试教育的背景下你也应该好好把字写好，即使不考写字，但写字写得好确实有用。其实我们今天讲的还不仅仅是“用”，关键还是一个人的修养，再就是文化的传承。

现在我们有那么多的教育家，有各种各样的教育方式，其实就让他们写字就好了，写字就是最好的修身养性。一个多么淘气的孩子，当他真的用心写时，真的是一种全身心的投入。

后来我对我的一位领导讲这件事，他说，你说得对，我的孩子平时也是闹得不得了，自从开始练书法以后真的就完全变了一个人。这就是我们经典的魅力，是我们中国传统文化记忆的魅力。所以我们的学校教育里除了读经典、讲经典以外，写经典也是非常重要的。

在写经典的过程里，对孩子的影响确实很大，我们去年做了第一届规范汉字书写大赛，小学、中学、大学的学生都来参赛，有一千万学生，最后到北京参加总决赛特等奖角逐的有八十多个孩子，我看到一个七岁小男孩来参加小学组的特等奖比赛，平时淘气得不得了，满屋子乱窜，但现在开始写字，他能够两个小时就站在桌子跟前聚精会神地写八个字，一动不动。所以我在想，什么样的力量让一个那么淘气、那么有活力的小男孩能够安安静静地站在那里一笔一画写那八个大字？

【陶继新】那个小男孩为什么能在那里站两个小时写字而特别安静呢？这就是书法魅力的体现。因为书法可以有效地培养孩子的有意注意力。而有意注意力的强弱，则是学生学习优劣的一个关键因素。我们常常看到一个孩子正在这儿写作业，不远处有了声音或活动，他便立刻心乱了，就停止了作业。这虽然与孩子的个性有关，同时，也说明他的有意注意力比较差。有意注意力是可以培养的，书写经典无疑是最好的办法之一。

1998年，我去重庆采访过一个叫曦曦的女孩，她十二岁就在法国举办过个人画展。她的妈妈每天晚上让她工工整整、一笔一画地书写一百零一个毛笔字，一个写不好也要重写。她的妈妈对我说，就是用这种每天练习书法的方法，培养了曦曦良好的有意注意力。

我的大女儿培养她的女儿也是这样，教她画画，参加绘画班，最后我发现，一旦她投入到绘画中，我们看电视、说话，她都不知道了，几乎进入到“空无”世界之中了。听幼儿园阿姨说，她是所有小朋友中，最能坐得住的一个，学习起来特别专注。显然，是绘画将她的心定下来了。书写与绘画一样，是可以让孩子有一颗定心的。

2009年春天，我去江苏省徐州市铜山县张集镇小学中心校采访，曹玉辉校长很自豪地对我说，多年来，我们一直致力于阅读和写字特色的打造。打造特色，给学生提供机会和条件，让学生的手眼口心都动起来，让生命以最活跃的形式投入学习，过一种有情趣有追求的读写生活。校园的羲之广场上“书法浮雕”“小书桌”相映成趣。在这儿赏字、练字，不仅是孩子们最惬意的事，也是老师的最爱。每天二十分钟的一节写字课，师生就像看一部精彩的电视剧一样盼着。因为南来北往的参观者，因为学校天天的展示，人人都想自己的书法拔萃，苦练书法也就成了自觉的行动。在书法世界里，几乎一切都是可能的，因为这是一个浑然一统的世界。审美、毅力、情感、态度、过程、感觉、悟性统统都有了。写字时的正襟危坐，欣赏时的精神飞动，正是这不由自主的“移情”，一步步引领师生脱离了低级趣味，走向高雅。一支毛笔，一瓶墨汁，一张白纸，放纵涂抹中，不同的心性，如春日里不同的花，以不同的形式开放。我随便去几个班里的时候，发现个个学生都背诵了很多经典，都写得一手好字！到学校里任何一个小小的角落一转，几乎都可以看到名家、教师与学生结合经典写的书法作品。天天处在这样的环境之中，不爱书法都不容易。同时，我感到孩子们在写出一个又一个那么美的字的时候，他们的心里都流淌着一种美。人人都有追求美的心里趋向，孩子更是如此。而练写书法进入到审美境界之后，练字就成了一种乐在其中的幸福追求了。

2012 年 12 月 2 日，我去山东省莘县实验小学采访，发现他们特别重视小学生的写字教育。柴林亭校长认为，人能写字，反过来也能“写”人。要想把字写好，就得全神贯注、凝神静气，仔细观察字形结构，不仅需要揣摩笔画的呼应、避让、穿插等，还要脑、眼、手并用，准确控制运笔的轻重缓急。久而久之，当学生将字写正确、结构比例恰当，达到整齐、清楚、易认、美观的要求后，便养成了认真细心的学习态度及良好的意志品格。

古人说“文如其人”。其实，也可以说“字如其人”。一个心情浮躁的人，是不可能一笔一画将字写好的。现在有的学生甚至大学生写起字来龙飞凤舞，让人难以辨认，甚至自己都不一定能辨识者并不少见。也许有人认为，现在都用电脑打字了，还用得着手写吗？其实，他们不明白一个道理，写字与做人是紧紧联系在一起的。特别是小学生，认认真真练字的过程，也是让他们沉下心来好好学习的过程。一个学生学习成绩的优劣，与其智力有一定关系，可最为重要的关系，是有没有专注力和好习惯。而练字，则是培养学生专注力与养成认真学习习惯的有效方法之一。更重要的是，一个学生如果小时候有了宁静的心态，不但当下会学习好，而且以后做起事来，也能够一丝不苟，做得仔细出色。可以这样说，练字是一个人未来走向成功的修炼课。

同时，《语文课程标准》明确指出：按照规范要求认真写好汉字是语文教学的基本要求，练字的过程也是学生性情、态度、审美趣味养成的过程。每个学段都要指导学生掌握基本的书写技能，养成良好的书写习惯，提高书写质量。因此，写好字是小学生必须具备的一项基本素质。

经典诵读应当注意的问题

形式上与时俱进

【王登峰】现在读经典应该注意的问题还是很多的，除了要重视读经典，怎么读，读什么都很关键。比如现在很多人让小孩子穿古装，摇头晃脑，去庙里磕头，在脑袋上点童蒙的点，这样好不好？不能简单来说，但我们读经典并不一定要追求复古形式，主要是让经典的精神和内涵去影响、改变我们。或者说，我们并不提倡那种复古的方式，难道非得穿回汉服才能读经典吗？小孩子就穿他们各自的服装也可以读唐诗宋词，可以读《论语》《三字经》啊。从形式上讲，有的地方强调这种形式有点过了。我倒觉得，我们还是应该从现实出发，一定要与时俱进，中国文化的特点就是与时俱进。我们不要用回到长袍马褂的方式读经典，那是不现实的。在当下面对我们需要解决的问题，同时如何回顾我们的历史，如何掌握祖先留给我们宝贵的精神财富。这个问题可能是很多人担心的，现实中也存在这样的问题。

【陶继新】是穿古装诵读经典，还是穿现代服装诵读经典，曾经在网络上进行过激烈的争论。我认为，不要在形式上做太多文章，因为形式很容易学会，它是可以借用与学会的，毕竟只是形式。关键是内心，我们的内心的能量是随着你内心的成长而成长的，如果内心没有生命的脉动，没有血液在里面流动，再好的形式也没有生命力。穿这些衣服那些衣服都是外在的，偶尔穿一穿也不是不行，比如要上孔庙祭孔，穿一穿祭祀专用的服装也是可以的，但平时不一定非要拘泥于形式。

所以，我认为，这种争论没有太大的意义，况且如果只是关注形式，如果不与时代合拍，时代就会将你抛弃。在内容与形式方面，内容永远都是重要的。孔子说："礼云礼云，玉帛云乎哉？乐云乐云，钟鼓云乎哉？"（《论语·阳货》）意思是说，礼呀礼呀，只是说的玉帛之类的礼器吗？乐呀乐呀，只是说的钟鼓之类的乐器吗？是的，礼乐更多地应当走向内心，而不是流于形式。不然，孔子的价值导向就会为形式所左右，从而出现问题。现在诵读经典也是这样，我们应当关注内容，特别是要关注学习经典的效果。如果学习了经典，没有人格提升，没有心理净化，没有让我们的身心变得柔软，实质上还是没有学好经典，甚至与没有学习经典没有什么两样。

内容上结合实际

【王登峰】关于经典诵读的内容，到底读什么样的经典，我觉得还是用小平同志的话来讲，实践是检验真理的唯一标准。也就是说，我们要从解决现实问题的角度来取舍，中央提出要建立社会主义的核心价值体系，社会主义的核心价值体系其实已经包括了对传统文化的态度，凡是符合社会主义核心价值体系的经典，不管作者是谁，不管是什么朝代、什么年代，我们都可以来学习，只要它是经典，跟这个相违背的我们就要剔除。从内容上来讲，这里有一个如何取舍的问题，除了根据不同年龄段、不同职业做取舍以外，从内容上也是非常重要的一方面。

最后呢，我觉得现在可能需要做一些认真研究，刚才我们讲到了，小学、中学、大学应该读什么样的经典，很多专家、很多做法可能也都是一种经验，到底什么年龄段读什么最好，背诵多少最好，朗诵多少最好，用动漫的方式呈现还是用其他方式呈现孩子接受起来更容易，要做认真的研究。

【陶继新】这是一个系统工程，也是一个重要工程。所以，在组织人员确定相关经典诵读篇目的时候，需要专家引导，更需要一线教师参与，特别是在经典教育方面进行过探索与实践的教师参与，他们在这方面更有发言权。

比如《论语》，它不是一个封闭的体系，而是一个动态的开放的系统。孔子讲的道理，都是在与特定对象的互动中阐述的，在互动中提供一个领悟的平台，有的时候未必有一个固定结论。我们老师今天在给孩子教育时也应该尽量这样，要重过程的互动，不偏重结论。孔子进行教学活动的特点，是能够从学生的实际情况出发，针对智力的高下不同而“因材施教”。孔子很早就注意到人的才智高下有别，他说：“中人以上，可以语上也；中人以下，不可以语上也。”（《论语·雍也》）意思是，对于中等以上智力水平的人，可以跟他讲高深的学问，对中等以下智力水平的人，则不可以跟他讲高深的内容。根据这一原则，他深入了解弟子们不同的志趣、智力状况和能力，以及性格特点，施以不同的教育。所以，我一般不敢给小学生讲课，因为我觉得我的话语系统进入不了孩子的话语系统，毕竟孩子有孩子的话语系统，他们是低年级学生，你要用儿童的话语给他们讲出来，用我的话语系统给他讲出来他不买你的账，讲经典时你在对不同年龄段和不同学识基础的人讲也是不一样的，这是未来做资源库时要注意的地方。

顺序上讲究规律

【王登峰】第二个要做的研究就是读经典和不读经典对一个人的影响到底是什么，可能也得做一点研究，这样才能让我们这项工作让大家都认识、都接受，还要让大家感到好在哪里。幼儿园开始读《三字经》，小学开始读《论语》，中学开始读《道德经》，这是一种顺序，这些顺序下来对孩子会产生什么影响，换一种思路、换一种做法，对孩子又会有什么影响。今天作为一个小学一年级学生读了《论语》，到他五十岁时会有什么样的影响，可能我们都要做认真研究。推动这件事情，做好这件事情，除了有积极性以外还要有科学的头脑，这是我们下一步做好经典诵读工作应该要注意的几个问题。

【陶继新】诵读经典应当有什么样的顺序，应当是研究的一个问题。孩子有孩子的记忆与认知规律，遵守这个规律，就会产生良好的效果。同时，还应当注意一个问题，那就是城市与农村，东部与西部，以至同是城市或同是农村，因为师资与学生水平的不均衡，在教学的时候，最好也不要一概而论。可以有一个大的规定，同时又给予他们相对的自由。这样，也许可以取得相对理想的效果。

境界上追求审美

【陶继新】还要关注坚持、习惯与审美三个维度的递进关系。根据我诵读经典的经验与教训，我发现一般要经历三个阶段：第一个阶段是坚持，坚持是最难的，绝大部分人听了我关于诵读经典的报告后，认为经典好，他就想读，但读个几天就坚持不下去了。有一个网友在他的博客中说："听了陶继新老师的报告后，我热血沸腾，马上买了《论语》书，和儿子一块背，可以背了几天后，背不下去了，看来大师还是大师啊，陶老师就是陶老师，我怎么就坚持不下来呢？"可见，大家都知道经典的好，但是一个很重要的问题就是能否坚持下去，最难坚持的时候就是成功即将到来的时候，但百分之九十五甚至更多人在这时退下阵来了，所以这种人永远尝试不到成功的喜悦，当然，他也由此失去了自信。只有极少数人能够坚持下来并领略到成功的喜悦，而且会有一种心理暗示，我做任何事情，只要坚持下去，就一定能成功，就更加富有自信。

坚持的时间长了就进入了第二个境界，就是习惯。有人说“让读书成为习惯”是很有道理的，当学习经典成为习惯，那肯定就没问题了。

但这还不是最高境界，最高境界就是审美境界。读经典感到很快乐，感觉太美了、太好了。这时你还有什么负担吗？孔子说：“知之者不如好之者，好之者不如乐之者。”有专家是这样解说的，知在知识层面，是低层次的感情，好在道的层面，乐是在审美层面，是高层次的感情。这点孟子也提到过，孟子说：“乐之实，乐斯二者，乐则生矣；生则恶可已也，恶可已，则不知足之蹈之手之舞之。”（《孟子·离娄上》）可见孟子把追求仁义道德的为己之学提升到了审美的高度，道德修养的过程是乐在的审美过程，是善与美的统一。很久之前，人们是在竹简上写文章，然后用绳子将竹简连起来，卷起来，即一卷书。据《史记·孔子世家》记载，孔子看《周易》是“韦编三绝”，即编连竹简的牛皮绳子断了好多次。可是，他却说：“是故君子所居而安者，易之序也；所乐而玩者，爻之辞也。是故君子居则观其象而玩其辞，动则观其变而玩其占。”（《周易·系辞上》）我们研讨《周易》，大都感到非常困难。可是，孔子却连着用了几个“玩”与“乐”字，看来，他之学习是快乐的，是审美的，感到太愉快、太美了。我想，经典诵读最佳的状态就是“乐之”。

我感到，从审美的视角诵读经典，可以使自己的心灵丰盈起来，使学习经典活动本身成为一种人生境界的达成过程，让自己感受到“生命一定有比‘拥有一切’更丰富的内涵”。大家知道，现在伴随着科技的进步，当代人类也面临着精神的空虚、人格的分裂、本能的压制等的困扰。如果让人们学习经典文化，培养他们的审美能力，有了这种美的价值观后，他们在社会上就能承受种种压力，明白危机会迫使你关注自己的内心生活，明白痛苦会帮助你敞开自己，挖掘出自己不自知的灵魂宝藏。明白黑暗的尽头是黎明，明白当下的困境会迫使你释放出积存已久、毫不知觉的勇气、希望和爱，明白“疾风吹嫩枝，用意不在伤害新幼苗，而是要它们学会把根牢牢地扎在土里”，学会在否极泰来时增添一份智慧与韧度。所以按经典去做，个人成就大，社会发展快，才能享受丰饶的经济和发达的科技所带来的安乐的生活，才能感受到生活的美妙无穷。

我有时候还感到审美状态不仅仅是学习经典，整个人生都是这样。太阳每天从东方升起，从西方落下，有了审美情趣后你就不认为它是重复的，而是展示出了一种美丽，是一个全新的世界，它给你的心灵滋养会使你有一种审美的生命状态，这样人就变了。经典恰恰就能够滋养心灵，是使你生命状态优化的最佳载体。

【王登峰】我们从中国文化面临的挑战谈到我们要做的中华经典诵读的意义和价值，对于小学生、中学生，对每一个中国人甚至对于世界的贡献我们都谈了很多，而且谈了我们应该怎么做，在学校里怎么做，在社会上怎么做，更重要的是陶老师从自己的亲身经验和对孩子教育的经验上给了我们很多实例，虽然说得不一定深入，但重要问题都谈到了，相信今天的谈话会对很多人不无启发。

非常高兴和陶老师对话，也希望今后有更多合作机会。

【陶继新】谢谢王司长！以前我曾经听过王司长两个小时的报告，我有一个感觉，您对中华经典诵讲写的价值和意义很有研究。您既对国外文化的了解比一般学者多得多，又有着中国经典文化的雄厚基础，所以您能站在很高的视点上推动全国的经典诵读活动向前迈进。这当是一件非常有功德的事情。

【王登峰】谢谢陶老师。

后记：经典相伴，幸福一生

我是一位智力平平，从小没有读过多少经典，30岁才考进济宁师专的人，而与曾任北京大学党委副书记的王登峰司长对话，真的是有点儿自不量力。好在王司长非但没有居高临下的傲气，反而十分谦虚而又真诚地与我交流。所以，在北京网易演播室里我们对话的整整一天里，自始至终，我也就有了一种从容的心态，更没有中断卡壳。王登峰司长不但是一位政府官员，而且还是北京大学博士生导师，是真正意义上的教育大家，在他即兴谈论经典诵读的时候，纵横捭阖、大气磅礴，而且妙趣横生、极有品位。也许正因如此，他不时激活我的思维，让我的灵感频频闪现，于是，也就有了与之相应而生的话语。此后，我们根据北京网易演播室提供的录音文字稍做修改，便有了这本书的基本内容。

我不但胆大包天地与王登峰司长现场即兴对话，还与高僧空海法师、教育家魏书生、《百家讲坛》主讲人王崧舟等人不带讲稿侃侃而谈，且将录音文字整理之后，略做修改与增删，分别出版了我们的著作。

其实，我从小学到高中，除了书本上所学的屈指可数的经典之外，此外所读寥寥无几——十年极其艰苦的农民生涯，能够读书的时间少得可怜，况且，在整个村庄，要想借阅几本像样的图书，简直比登天还难。

自从步入济宁师专之后，竟鬼使神差地爱上了古代经典。1980 年我被分配到曲阜师范学校担任《文选和写作》课的教师，其中一年，又全教的古文。为了做一名合格的教师，自感文力不足的我，对这些课文大多熟读成诵，同时，读了十多遍王力所著的《古代汉语》及其他相关的古代经典。功夫不负有心人，我竟然得到了学生的高度认可，且在全国报刊上发表了一些文章。

1983 年底，我被调到《山东教育》担任文科编辑，1988 年，创刊《当代小学生》并担任主编，很快便做得风生水起，在山东省乃至全国产生了一定的影响，刊物月发行量最高曾一度突破 230 万份。

尽管工作很忙，可学习的意识一直较强。休说周六周日，就是除夕春节，也都是在办公室里学习着的。可遗憾的是，所读的书虽有经典，但也有不少属于中等水平的著述；所写的文章，尽管赢得了不少赞誉之声，可今天观之却难登大雅之堂。

1997 年对于我来说，在一般人看来，应当是大获丰收了，不但被省教育厅提拔为山东教育社领导，还评上了编审（正高），且出版了三本专著。就连自己，也有点儿认为收获不小了。

是年暑假，我去青岛采访一个小学刚刚毕业的号称“老咪”的王筱菲。那时她还没有今天的飘逸与高雅，但略带稚气的脸上，始终荡漾着自信的微笑，尤其是即兴而谈不久，便让我惊叹不已甚至肃然起敬起来。她谈孔孟老庄，也谈柏拉图、亚里士多德、黑格尔、康德，她纵论李白、杜甫，也援引歌德、泰戈尔的诗句。对于我的提问，她几乎不假思索，却对答如流而又如诗一般富有韵味，且不时闪耀出理性的光华。

一个小学生，何以会有如此丰沛而又高雅的文化品位？如果不是身临其境，一定认为那绝对是子虚乌有和天方夜谭。

“问渠那得清如许，为有源头活水来。”

喜欢哲学且有诗人气质的爸爸在老咪呱呱坠地之日起，只要稍有空暇，便给她诵读古今中外的经典。于是，就有了老咪4岁会作诗、8岁出版诗集《因为太阳的缘故》的天才神话。

当天采访完回到下榻的宾馆，我激动得夜不能寐，于是，竟然一气呵成完成了一篇长达一万字的通讯文章《智者老咪——一位当代罕见的少年奇才》。第二天上午在宾馆，我为老咪及其爸爸朗读了此文，并得到了他们的认可与赞同。

采访老咪对于我之后的行走之路产生了重大影响。也就是从那之后，我所读之书，绝大部分都是经典作品。而且那一年春天，曾灵感一时袭来背诵起《论语》，采访老咪之后，更让我与《论语》结下了不解之缘。70岁时，我连续背诵了三遍《论语》；2020年7月，《陶继新〈论语〉心悟》又由齐鲁书社出版，且入选“中国教育报2020年度教师喜爱的100本书”。

从1997年采访老咪到现在，自己所读之书，几乎全是经典。同时，不但背诵了《论语》《大学》《中庸》《学记》等中国古代经典，而且还阅读和听读了大量古今中外的经典名著。

经典的语言美轮美奂，又有道法自然之妙，长期诵读，也让我的语言逐渐有了一定的韵味，以至形成了被人们称赞的“陶氏风格”。尤其是近几年，只要有了素材与思路，写作的时候，思维便很快飞扬起来，而灵感也常常不期而至，让我的手指在电脑的键盘上快速舞蹈起来，一行行的文字也便神奇般地沛然而出，以至让我有了一种幸福莫名的审美快感。所以，仅2008年退休之后的十三年间，就出版了50多本著作，质量也呈现出逐年上升的趋势。

当我徜徉于经典如诗如画的语言之美的海洋时，由经典语言构筑起来的内容更是一座座巍峨的精神丰碑。经典之中洗礼人的灵魂的真善美，也在不经意间叩击着我的心扉。于是，我从那行云流水般美妙的文字中，又时时听到了高贵灵魂的歌唱，让我心向往之，自觉不自觉地“学而时习之”。

长年累月沐浴于经典的真善美之中，我的精神也在升华，对于“不义而富且贵”，真的如孔子所说的是“于我如浮云”了。同时，还有了一颗“宁静而致远”的心灵，喧嚣的世界于我已经构不成干扰，有时甚至成了我之读写的一种异常曼妙的轻音乐。我心不动且美的时候，又何有干扰之困？没有了追逐名利之心，什么样的诱惑都会无动于衷。而当自己心灵与精神不断升华的时候，感到生命真的是如诗如画般美好。即使遭遇逆境与失败，也会笑得如往常一样灿烂，并会较快地突破困境，迎来明媚阳光的照耀，欣喜地去感受天地对自己的特殊眷顾和幸福女神的翩然而至。

经典伴我行进的时候，也在天天滋养着我的生命，从而让我每天都有一定的发展。所以，我常不谦虚地说：“昨天的陶继新，一定赶不上今天的陶继新；明天的陶继新，一定超过今天的陶继新。”这并不是说自己有多么了不起了，而是经典诵读在推着我前行，让我的生命有了迥异于数年之前的色彩；况且，经典之读，还会更好地点亮我未来生命的前程。

孔子说：“己欲立而立人，己欲达而达人。”持续不断而又快乐无比地行走在经典之读路上的我，也希望读到此书的人们能从中获得一些启示。当然，不能只是读读而已，还要真正爱上经典，生成自己的感悟，让生命产生质的飞跃，并由此收拢一种特殊的幸福。诚如是，吾心足矣。

陶继新

2021年3月1日于济南